比亚迪之父
王传福

郑祥琥 ◎ 著

中央编译出版社
CCTP Central Compilation & Translation Press

图书在版编目(CIP)数据

比亚迪之父王传福:巴菲特看好的人/郑祥琥著. -北京:中央编译出版社,2009.9
ISBN 978-7-5117-0008-7

Ⅰ.比… Ⅱ.郑… Ⅲ.①王传福-生平事迹 ②汽车工业-工业企业管理-经验-中国 Ⅳ.K825.38 F426.471

中国版本图书馆 CIP 数据核字(2009)第 155254 号

比亚迪之父王传福:巴菲特看好的人　　　　　　　　　　郑祥琥　著

出 版 人:和　龑
策划编辑:冯　章
责任编辑:姜　迪
出版发行:中央编译出版社
地　　址:北京西单西斜街 36 号(100032)
电　　话:(010)66509236　66509360(总编室)　(010)66509366(编辑室)
　　　　　(010)66509364(发行部)　(010)66509618(读者服务部)
h t t p:cctpbook.com
E-mail:edit@ cctpbook.com
经　　销:全国新华书店
印　　刷:三河市文阁印刷厂
开　　本:787×1092 毫米　1/16
字　　数:220 千字
印　　张:15
版　　次:2009 年 10 月第 1 版第 1 次印刷
定　　价:39.80 元

本社常年法律顾问:北京大成律师事务所首席顾问律师　鲁哈达

序　言

　　中国的改革开放已经三十年了，这三十年里涌现了一批得风气之先的企业家。他们在各自的行业奋斗，搞活了中国经济，为中国制造了一个全面的繁荣。王传福说："比亚迪是改革开放的奇迹。"这不仅仅是指改革开放为民营企业提供了机遇，还有更深的一层内容在里面。

　　深圳是中国改革开放的窗口，在深圳有一批重要的民营企业，如华为、中兴、腾讯、富士康等等。这些企业在各自行业里都是龙头老大，比亚迪也不例外。比亚迪的成功也得益于深圳提供的产业环境。例如比亚迪的国际战略，很多地方就是向华为学习。再如比亚迪进军手机代工领域，便是向富士康学习。深圳使得比亚迪从一开始就处于产业发展的高水平。

　　王传福没有辜负改革开放的大好环境。他成功了，创造了比亚迪的辉煌。在中国的企业家中，王传福是非常特别的。他是靠技术起家，而不是像其他大多数企业家那样是做管理起家。

　　1995年，王传福看准了技术带来的机会，向表哥吕向阳借款250万元，开始了自己的创业之旅。后来的事实证明，在比亚迪的发展过程中，技术与创新起了决定性的作用。

　　创业神话，总是从一个比较窘迫的起点开始的。就像美国电子商务巨头亚马逊在最初创业的时候，贝索斯使用的办公桌是他自己用木板拼成的。王传福创业之初也备尝艰辛，当时的比亚迪只有二十多人。但是王传福有理想，有信念，他相信比亚迪一定会成功。

　　比亚迪随后采用了一种与机器作业完全相反的生产方式，他把电池生产工序分解为一个一个步骤，然后再用一种专门制作的夹具，来消除人工作业带来的误差量，因此比亚迪将机器作业转化为了人工作业。"每组工

I

人只需要做一步很简单的工作，也许只是打磨，也许只是把做好的电池放到检测的机器上，然后再把它拿下来在箱子里码放整齐。因此，比亚迪的工人无须经过复杂的培训，只要能够掌握一两个关键性的技巧便可上岗。"

比亚迪的这个创新，发挥了中国劳动力资源丰富的优势。比亚迪用这种生产方式生产出来的电池，比日本三洋、索尼、东芝的电池要便宜40%，以此比亚迪迅速占领了高端电池市场，到2003年比亚迪就紧随三洋成为全世界第二大的电池生产企业。

随后，王传福看到了人类必将进入电动车时代的远景，他从2003年入主秦川开始，就一直把目光瞄准电动车。他要把比亚迪在电池制造上的优势转化到电动车上。2007年王传福抛出狂论："比亚迪要在2015年成为全国第一汽车企业，在2025年成为全世界第一！"当时媒体嘲笑的多，相信的少。但是2008年9月股神巴菲特给比亚迪投资了18亿港元，大家这才意识到王传福不是在开玩笑。

王传福认为比亚迪有将一个产业从无到有，发展到世界前几名的经验，汽车也不在话下。比亚迪的电池技术和成本优势，使其在电动车竞争时代抢尽先机。中国终于有机会在汽车行业走在世界前列。

如果比亚迪的电动车战略成功了，王传福和比亚迪一定会成为这个时代的神话。

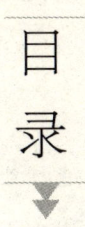

目录

第一章 从电池大王到车王 /001

王传福是一个善于创造奇迹的人,他仅仅用了十多年的时间,就将比亚迪扩展为一个在全世界拥有广泛影响力的制造企业。王传福的"比亚迪奇迹"属于他个人,也属于这个时代。

- 一、比亚迪,民族制造业的旗帜 /002
- 二、王传福,技术出身的电池大王与造车狂人 /007

第二章 成长之路 /011

王传福出身贫寒,他成长的道路充满艰辛,但也磨练了他的意志。他的那种韧劲,那种狂性,让一般的企业家难以望其项背。

- 一、贫寒少年 学业优秀 /012
- 二、学者之路 崭露头角 /016
- 三、深圳下海 龙跃飞天 /018

第三章 电池大王是怎样炼成的 /023

日本将放弃镍镉电池生产的消息,让王传福看到了机会。王传福创办

I

比亚迪，先生产镍电池，后来又生产锂电池，终于成就电池大王的霸业。

▶ 一、大业初创 /024
▶ 二、成本控制抢占市场 /030

第四章　登上巅峰　　　　　　　　　　　　　　　　/041

比亚迪的上市让其在电池制造行业一时风光无两，而面对电池巨头三洋、索尼的围追堵截，王传福和他的团队沉着应对，用行动证明：中国企业不怕专利战！

▶ 一、成功上市 /042
▶ 二、比亚迪突围 /050

第五章　造车狂人入主秦川　　　　　　　　　　　　/061

突发奇想，转行造车，王传福顶住外界质疑的压力，彰显偏执狂的本色。从F2的出师不利到F3的一战成名，比亚迪成就造车狂人。

▶ 一、收购秦川 /062
▶ 二、比亚迪造车 /073
▶ 三、F3一战成名 /085

第六章　决胜富士康　　　　　　　　　　　　　　　/093

郭台铭VS王传福，江湖老手与后起之秀间的对决。争夺手机代工业务二人势成水火，富比之争一波三折，扣人心弦。鹿死谁手，其未可知。

▶ 一、进军手机代工业务 /094
▶ 二、一波三折富比之争 /103

第七章 逆市上扬 /115

在金融海啸中全球汽车业危机四起，比亚迪却如一匹黑马逆市上扬，令业界惊叹。而"股神"巴菲特的入股，无疑成为当时比亚迪最好的广告和注脚。

- ▶ 一、比亚迪造电动车 /116
- ▶ 二、邂逅巴菲特 /127
- ▶ 三、逆金融危机而动 /135

第八章 电动车时代 /147

巴菲特之所以对比亚迪青眼有加，就是看中了王传福的电动车，他相信王传福将带领人类开启电动车时代。F3DM与E6，便是比亚迪颠覆传统汽车行业的核武器。

- ▶ 一、F3DM双模时代 /148
- ▶ 二、E6，未来的福特 /159

第九章 比亚迪成功之道 /165

比亚迪缘何成功？技术为王，创新为本。王传福对多元化的探索和产业的垂直整合，独特的袋鼠发展模式，让比亚迪跳得更高，跑得更远。

- ▶ 一、技术为王 创新为本 /166
- ▶ 二、比亚迪的发展模式 /176
- ▶ 三、袋鼠模式 /186

第十章 品牌战略 /193

企业品牌是企业最核心的竞争力。十多年来，王传福把品牌放在企业发展战略的关键位置，走出了一条卓越的品牌之路，比亚迪立志打造中国的世界名牌。

- 一、比亚迪的百年品牌 /194
- 二、比亚迪的品牌战略 /200

第十一章　集中高效的企业文化　　　/211

一个成功的企业背后必定有成功的企业文化，也必定有一个卓越的企业家。作为比亚迪的创始人，王传福身上的激情、创新、执着、务实品质也融入到这个企业，让比亚迪打上浓重的个人烙印。

- 一、一个人说了算 /212
- 二、造物先造人 /216
- 三、比亚迪价值观 /223

附录　比亚迪大事记　　　/227

第一章

从电池大王到车王

王传福是一个善于创造奇迹的人,他仅仅用了十多年的时间,就将比亚迪扩展为一个在全世界拥有广泛影响力的制造企业。王传福的"比亚迪奇迹"属于他个人,也属于这个时代。

一、比亚迪，民族制造业的旗帜

在2008年全球资本市场上，有一件备受关注的事："股神"巴菲特通过其投资旗舰伯克希尔·哈撒韦公司旗下附属公司，与比亚迪股份有限公司签署了策略性投资及股份认购协议，以每股8港元的价格认购2.25亿股比亚迪公司的股份，交易额高达18亿港元！

同时，2008年CCTV中国经济年度人物创新奖颁给了比亚迪总裁王传福。一下子全世界的媒体都在惊呼：比亚迪是何方神圣？

王传福，从一个研究电池的专家成为世界级电池大王，他只用了7年时间；从一个汽车业的外行，成为中国增长最快的民营汽车企业的总裁，他只用了4年时间，其中F3也成为迄今为止国产自主品牌最为成功的车型之一。

一时之间，媒体和大众纷纷把目光聚焦到比亚迪和他的创始人王传福身上。原来，比亚迪是一家在中国香港上市的大陆高新技术民营企业，横跨IT和汽车制造业两大产业。比亚迪成立于1995年，总部设在深圳，同时在北京、上海和西安等地区建有七大生产基地，总面积将近1000万平方米，并在美国、欧洲、日本、韩国、印度、中国台湾和中国香港等地设有分公司或办事处，现员工总数已超过13万人。

更让人惊奇的是，比亚迪是一家创造奇迹的中国公司，而且这一切都是在政府和媒体不关注的状态下发生的。上世纪90年代，日本电池生产厂商一统天下，占据了全世界大部分的市场份额。后来1993年，日本方面鉴于镍铬电池对环境的污染，宣布放弃镍铬电池的生产。这让当时担任深圳比格电池公司总经理的王传福看到了机会，于是他当机立断下海创业。

比亚迪成立的时候只有20多个人，但是发展非常快。通过自造生产设备，把生产线分解成一个个可以人工完成的工序，充分利用中国廉价的劳动力资源，结果只花了100多万元人民币，就建成了一条日产4000个镍镉电池的生产线。比亚迪生产的电池成本比日本的要低40%，而性能还要强一些，这让比亚迪迅速占领了市场。

1996年，比亚迪公司取代三洋成为中国台湾无绳电话制造商大霸的电池供应商。大霸是电信巨头朗讯的OEM（原始设备制造），比亚迪公司因此成为朗讯的间接供应商。1997年，比亚迪公司镍镉电池销售量达到1.5亿块，排名上升到世界第四位。

在镍镉电池领域站稳脚跟后，王传福又开始了镍氢电池的研发，并从1997年开始大批量生产镍氢电池。此时恰逢东南亚金融风暴，比亚迪产品的低价在金融风暴中越发显得有竞争力，这让日本厂商很难与之竞争。结果这一年，比亚迪公司镍氢电池销售量达到1900万块，一举进入世界前7名。

此后，王传福开始实施国际化战略。1998年至2000年，比亚迪欧洲分公司、美国分公司先后成立。1999年至2000年，比亚迪公司在这些市场势如破竹，大客户名单上出现了松下、索尼、GE、AT&T和业界老大TTI等。

2000年，王传福投入大量资金开始了锂电池的研发，很快拥有了自己的核心技术，并成为摩托罗拉的第一个中国锂电池供应商。2001年，比亚迪公司锂电池市场份额上升到世界第四位，而镍镉和镍氢电池上升到了第二和第三位，实现了13.65亿元的销售额，纯利润高达2.56亿元。

到2008年，比亚迪以近15%的全球市场占有率成为中国最大的手机电池生产企业，在国际市场上与日本三洋一决雌雄。目前，比亚迪方面的数据显示，比亚迪在镍镉电池领域全球排名第一，镍氢电池领域排名第一，锂电池领域也是全球排名第一。

这就是比亚迪，仅仅用了十年时间，就成为全世界排名第二的电池制造企业，这堪称中国制造业的奇迹，也堪称中国改革开放的奇迹。

如果比亚迪仅仅局限在电池产业，那么大众也许永远不会了解比亚迪。2003年1月23日，比亚迪公司对外宣布与西安秦川汽车有限责任公司正式签订了收购协议，比亚迪通过旗下的中国香港主板上市公司比亚迪股份出资2.695亿元人民币（约合2.54亿港元）收购秦川汽车77%股权。比亚迪正式控股秦川汽车公司，而王传福则成为秦川汽车有限公司的新任董事长。

"比亚迪要改行造汽车了？"媒体和大众都在惊呼。

"王传福是不是疯了？"有人在私下嘀咕，"这个世界真是太疯狂了，造电池的比亚迪居然想造汽车。"

王传福疯狂，但是持有比亚迪股票的基金经理们更疯狂。为了给王传福的疯狂举动一点儿颜色看看，第二天比亚迪迎来了基金的"洗仓"，比亚迪股票大跌。一天之内，比亚迪股票跌幅超过21%。

真是山雨欲来风满楼，但是镇定的王传福控制住了局面，开始潜心打造自己的汽车王国。直到2005年9月，比亚迪的新车F3在山东济南分站上市，引起轰动。随后的统计数据表明，2006年一季度，F3夺得了"三冠王"：全国产量增幅冠军（1045.04%）、销量增幅冠军（877.91%）、国内单一车型中级家庭轿车的销量冠军（11213辆）。比亚迪F3也成为最快突破10万辆的自主品牌汽车，完成这一业绩仅用了20个月。

F3的成功让王传福兑现了当初进入汽车业的诺言，但是真正让比亚迪站在历史潮头的还是比亚迪的电动车。2008年12月15日，比亚迪双模电动车F3DM上市，开启了世界汽车领域的电动车时代。

正是由于握有电动车这一核武器，王传福在2007年甚至喊出了"比亚迪要在2015年成为全国第一汽车企业，在2025年成为全世界第一！"这样激动人心的口号。比亚迪要带领中国民族汽车产业走上振兴之路。

回顾比亚迪成长的这 15 年，可以说比亚迪已经成为一个品牌，比亚迪是中国制造业的旗帜。比亚迪重视研发，用比亚迪企业文化来概括就是"技术为王，创新为本"。比亚迪设立中央研究院、通讯电子研究院以及汽车工程研究院，专门负责生产设备及生产工艺的研发，拥有可以从硬件、软件以及测试等方面提供产品设计和项目管理的专业队伍，拥有多种产品的完全自主开发经验与数据积累，逐步形成了自身特色并具有国际水平的技术开发平台。强大的研发实力是比亚迪迅速发展的根本。

比亚迪已经成长为一个庞大的制造业帝国。今天比亚迪一共有 28 个事业部，这里我们列出其中 17 个：

第一事业部：镍镉/镍氢二次充电电池、柔性印刷线路板、手机充电器等。

第二事业部：锂粒子充电电池，基本都是手机充电电池，主要客户是诺基亚、摩托罗拉。

第三事业部：分拆上市的比亚迪电子的主体，主要产品是手机机壳和手机按键，主要客户是诺基亚、摩托罗拉、索爱等。

第四事业部：涉及 LCD 制造、背光制造等。

第五事业部：化学材料业务部门。

第六事业部：微电子业务部门，产品包括电池相关芯片等。

第七事业部：光电子业务部门。

第八事业部：镁合金制造部门，主要竞争对手是可成和富士康；

第九事业部：SMT 部门，专门服务于诺基亚、摩托罗拉的生产线。

第十事业部：比德创展通信技术有限公司（手机 ODM 研发中心），主要从事手机应用软件和整机方案设计业务。

第十一事业部：汽车总装部门。

第十二事业部：汽车模具部门。

第十三事业部：汽车内饰件部门。

第十四事业部：电机、电动车部门。

第十五事业部：汽车电子部门。

第十六事业部：涉及车身零件、底盘悬挂等部门。

第十七事业部：发动机研发、制造中心

今天的比亚迪横跨IT与汽车两大产业群，正在用它特有的"袋鼠模式"的垂直整合战略打造自己的制造王国。比亚迪IT产品已经包括了二次充电电池、液晶显示屏模组、塑胶壳、键盘、柔性电路板、摄像头、充电器等。而在汽车业，比亚迪几乎连全部汽车零部件、汽车模具都是自己生产。比亚迪的F3、F0都取得了非常不错的销售业绩，更让人期待的是比亚迪的电动车F3DM和E6。

比亚迪的电动车能改变世界吗？大家都在拭目以待。

二、王传福，技术出身的电池大王与造车狂人

比亚迪这 15 年来的快速发展，是与比亚迪的创始人王传福的努力分不开的。可以说，王传福是比亚迪的灵魂，是比亚迪人的精神领袖。

王传福，1966 年生于安徽，1987 年毕业于中南工业大学，后入中科院北京有色金属研究总院攻读硕士研究生。26 岁成为国家级高级工程师，电池研究方面发表多篇重要论文。1995 年在深圳成立比亚迪科技有限公司。2002 年，比亚迪在中国香港上市。2003 年，比亚迪成为了仅次于日本三洋的全球第二大手机电池制造商，王传福成为当之无愧的"电池大王"。

2003 年初比亚迪入主秦川汽车，王传福宣称自己"下半辈子就要干汽车"。这一年王传福以 3.28 亿美元资产登上《福布斯》杂志"中国大陆百富榜"。同年 11 月，被美国《商业周刊》评选为"亚洲之星"。因此王传福也被媒体称为"造车狂人"。

从以上简历可以看出，王传福是技术出身，他在有色金属研究总院时期写了一本《宝石手册》，随后发表在英国权威刊物《宝石杂志》，并先后在全球各地的专业刊物上被广泛转载。

比亚迪能够成功，跟王传福的技术生涯是分不开的。中国的企业家多数是学经济学财务学管理出身，因此对技术其实不是太在行。而王传福有多年的技术生涯，他非常懂电池技术，所以比亚迪在电池战略上才会所向无敌。王传福抓住了技术，他相信技术可以改变世界，他曾说："比亚迪始终在做一道证明题，证明什么呢？证明技术是可以改变世界的。"

王传福技术出身，真正做过科研，所以他不惧怕技术难关。他曾说：

"我们比亚迪从不对核心技术感到害怕。别人有，我敢做；别人没有，我敢想。到今天为止，我们整个集团，所有技术部门、产业部门不会用一个怕字对待技术。比亚迪任何一个管理者都要有一种舍我其谁、一定能赢的勇气。每当一个单位遇到问题，我们都会说，你解决不了，不是因为没有能力，而是因为你缺少勇气。"

王传福的意思是在人的主观能动性面前一切技术难关都会被攻克。这种说法类似毛泽东的"一切反动派都是纸老虎"。但其实问题不是这么简单的，毛泽东当年敢说这话也是因为毛泽东利用国际国内环境同时加紧研究原子弹，这里面都是有技术和策略来支撑的。王传福又何尝不是如此。

2003年比亚迪入主秦川，之前王传福甚至连车都不会开，更别提汽车技术了。但是王传福有做研究的底子，于是他买了大量的汽车方面的书籍，开始疯狂的学习。公司里有人想让从日本请来的专家给王传福讲解，王传福大手一挥，说："不用了，我自己能看懂。"王传福甚至连在飞机上都在看。结果几年下来，王传福已经成了汽车专家了。王传福自信地说："因为我太懂电池了，汽车我现在也很了解，所以根本不会犯错误。"

比亚迪能够打破中国制造企业普遍存在的技术恐惧症，也是因为王传福懂技术，狠抓技术。王传福总是喜欢向外界炫耀比亚迪有上万名的工程师，他认为这是比亚迪的一大法宝。此外，比亚迪还建有以中央研究院、通讯电子研究院、汽车开发研究院为主体的研究体系。王传福领导他的工程师们奋战在技术研发第一线。

王传福是技术出身，这决定了他对财富不是很看重，他觉得钱多了也没用，他想要的是真正为国家作出一点贡献。所以在2002年比亚迪上市之前，王传福把一部分股权分给了几十位高管，让他们也尝到比亚迪发展的果实。比亚迪上市后，王传福的持股比例为22.8%，而比亚迪其他34位高级管理人员也获得了高达22%的股份。这件事常被媒体当成分享财富的佳话提起。

王传福很朴素。作为比亚迪的总裁，王传福对于自己物质享受的要求，始终非常严格。从骨子里，王传福就是一个理想主义者，一个不钟情于物质享受的人，一个不强调"衣食住行"这类享受的人。对于"衣"，王传福曾经指着自己的一套旧西服对比亚迪的员工说，除了必要的场合外，平时穿着很普通。这套西服是他一次趁着商场打折的机会买来的，很便宜。穿了好久，一直没有丢弃，后来直到不能够再穿影响公司形象的时候，才买新的。

对于"食"，王传福从来没有过多少要求，只要是能够下咽的饭菜，他都会吃得很香。"一粥一饭当思来之不易，一丝一缕恒念物力维艰"，他常常这样告诫自己公司的员工，虽然比亚迪公司在一天一天的发展壮大，但是这些好的习惯还是要保持下去。对于"住"，在创业过程中，王传福身边的人都还深刻的记得，当比亚迪还在深圳同乐的时候，王传福住的是公司最普通的员工宿舍；而整个宿舍里，最值钱的物品居然是一个不起眼的饭桌。另一件还算是能够值一些钱的就是一个用了好些年的沙发，后面的布料好多地方已经脱线。对于"行"，王传福来回往返在深圳、上海、西安和北京之间，总是抱怨住酒店太贵，只肯住在公司的招待所里。这些招待所干净、整洁，设施简单倒也齐全，服务员态度热情。

这就是真实的王传福，一个工程师，一个技术员，一个被媒体称为"电池大王"和"造车狂人"的人。在王传福的领导下，比亚迪必将向世界 500 强挺进。在王传福的领导下，比亚迪必将在电动车时代弄潮瀚海。王传福的名言"比亚迪要在 2015 年成为全国第一汽车企业，在 2025 年成为全世界第一！"一定会成为 20 世纪中国梦的象征。

第二章

成长之路

王传福出身贫寒,他成长的道路充满艰辛,但也磨练了他的意志。他的那种韧劲,那种狂性,让一般的企业家难以望其项背。

一、贫寒少年　学业优秀

　　1966年2月15日，王传福出生在安徽无为县的普通农民家庭。无为县是个小县城，隶属巢湖，靠近"长三角"，这大概是无为县最大的区位优势。

　　王传福的父亲是一名技艺出色的木匠，后来入了党，曾经担任大队书记的职务。他为人正直、坚韧刚强、乐于助人，在当地受人尊重，有号召力。他在工作中公私分明，在群众中有口皆碑。由于是党员，王传福父亲的思想在农村中是比较开明先进的，去世时他响应党的号召，说服自己的亲人火葬。

　　王传福的母亲则是传统的贤妻良母，教育孩子要忠厚本分。受家庭氛围的影响，子女们也都继承了刚强正直的性格和坚强不屈的精神。王传福亦是如此，这在他以后的创业历程中得到了明显的体现。

　　王传福有五个姐姐、一个哥哥和一个妹妹。加上父母，一家十口人就靠世代传下的木工手艺活为生，日子倒也过得平静安详。但是好景不长，在王传福十三岁时，父亲因为长期的病痛折磨去世。家庭的经济情况开始每况愈下，王传福的五个姐姐先后出嫁，妹妹被寄养，而哥哥王传方也从此退学开始工作赚钱养家。

　　日子的艰难不易，母亲和兄长的殷殷期盼，不断鞭策着王传福。在青少年时期，也许因为家庭的原因，他比同龄孩子显得稳重早熟，性格比较腼腆不大爱说话，也不愿意与他人过多交往。

　　但是他比同龄的孩子更加知道用功读书，将全部的精力和时间用来学习。因为他明白，家庭的希望都寄托在他身上，他唯有以优异的成绩作为报答。所以在他的心里永远有一条信念，那就是"永远要比别人做得好"。心有多大，舞台就有多大。王传福不服输、不断超越自己的精神，奠定了他后来事业成功的基础。

屋漏偏逢连夜雨。两年后，在王传福即将初中毕业的时候，母亲又突然去世。命运给相依为命的兄弟俩以最沉重的打击。孟子说："天将降大任于斯人，必先苦其心志。"生活的苦楚，年少的王传福是尝够了。深受打击的王传福，只能每日沉浸在学习中，以此忘掉痛苦孤独。

生活的苦难也让王传福养成了坚强、独立、强势的性格。正像他自己说的"我什么事情都要自己去支配，什么事情都要自己去管"。父母留给一对兄弟的全部财产就是四间茅草房，但是父母给他们留下的精神影响却让兄弟俩受益无穷，在潜意识里影响着他们的一生。

王传福母亲去世时，正值初中毕业考试。王传福因此缺考了两门课程，没有考上当时热门的中专。人生的命运有时完全是偶然的，一个小小的因素就有可能改变一个人的一生。王传福的一生就是这样被改变的。在80年代中专管分配工作，因此是当时很多家境贫寒的初中毕业生的首选。但是90年代后由于国家教育政策的调整，中专毕业生都就业困难。

王传福由于母亲的辞世，没有考上中专，而是进入无为县一所刚建立的普通高中。这种偶然给了王传福进一步读大学深造的上升空间。否则，一代技术狂人王传福可能会被淹没在平凡的生活中。

因为家庭的不幸遭遇，王传福的哥哥王传方在18岁就扛起了家庭的重担，中断学业工作赚钱。但无论生活多艰难，他始终要求弟弟要发奋读书。王传福看到家庭的困难、哥哥的辛苦，心里有所动摇时，哥哥却说："再苦再累，卖房也要读书，只要读书才是唯一的出路。"在王传方眼里，真是"万般皆下品，唯有读书高"，他要求弟弟考上大学。

当母亲去世时，大嫂张菊秀踏入了这个遭遇不幸的家庭。她身上所具有的中国传统妇女的贤良淑德重新温暖了兄弟俩的心窝。王传福高中的三年是整个家庭最艰难的时期，新进门的大嫂没有享受过一个新娘的快乐，而是要为柴米油盐发愁，照顾一家人的饮食起居。

王传福从高中起住校，每周末回家向嫂子取10元的生活费。有一次，家里实在没有钱，而嫂子又不舍得他委屈自己，就在村子里挨家挨户的借钱，最后才筹到不到5元的散票子。

而后来在王传福考上大学时，哥哥将结婚时所带的一块"上海牌"手表和家里全部的新东西都送给了弟弟，并一路陪同他到长沙。在王传福求学期间，哥哥也决定将自己的小生意搬到弟弟所在的城市，尽量能在生活上多照顾到他。王传方一直承担弟弟的学费和生活费，直到研究生毕业。

长兄如父，哥哥不仅在生活上照顾弟弟，更教会他做人。勤俭节约、要有志气、尽量花自己的钱是哥哥常说的话。而兄弟俩在最困难的日子也没有到成家的姐姐家里过一个春节。

手足情深，兄弟间的浓浓情谊延续至今。今天已经名动天下的王传福和哥嫂家住门对门，在生活上互相照应。在事业上，兄嫂全力支持着王传福，掌管后勤部门，为比亚迪的成长立下了汗马功劳。

1983年，王传福以优异成绩考入位于长沙的中南矿冶学院冶金物理化学系，在王传福大三时，学校改名为中南工业大学。

王传福的母校中南矿冶学院组建于1952年。1952年在全国高校院系调整中，由武汉大学、中山大学、北京工业学院、广西大学、湖南大学、南昌大学这6所院校的矿冶类学科组建而成。学校坐落在湖南省长沙市风景秀丽的岳麓山下，湘江之滨。1960年进入全国重点大学行列，1985年更名为中南工业大学，1996年9月通过国家"211工程"立项审核，成为面向21世纪国家重点建设的大学之一。学校先后隶属于教育部、高等教育部、冶金工业部和中国有色金属工业总公司，1998年9月起再次成为教育部直属高校。

在2000年大学合并的潮流中，经国务院批准，中南工业大学与湖南医科大学、长沙铁道学院合并组建成新的中南大学。因此王传福是中南大学的校友，2008年10月26日，已经成为中国汽车业后起之秀的王传福回到母校，受聘为中南大学兼职教授，这也是衣锦还乡吧。王传福是中南大学的骄傲！

进入大学后，出身贫寒的王传福埋头于学习之中，一心把专业课学好。爱因斯坦有句名言：兴趣是最好的老师。王传福想做科学家，肯钻研问题，因此他的学习成绩在班上名列前茅。在本科时王传福就开始接触电池，这为他未来的事业打下了一个良好的基础。中国香港风险投资公司汇亚集团董事兼常务副总裁王干芝评价说：“王传福是我见到少有的非常专注的人，他大学学的是电池，研究生学电池，工作做的还是电池。”正是因为长期专注于电池领域，他才能做出成果。成功有时候靠的就是坚持。

应该说王传福并不是那种死读书的学生，王传福是外向型性格，天性开朗，喜欢热闹。因此他在大学期间喜欢参加各种各样的校园活动，尤其是喜欢参加舞蹈。这一点其实挺让人费解的，王传福毕竟是一个霸气十足，男人味十足的男人。这种人在大学里一般都是踢足球、打篮球，哪有喜欢跳舞的？也许思维异于常人的王传福有他自己独特的想法吧。不过王传福总是精于技术，他的舞技之好在当时校园内是公认的，甚至有人将他称为学校里的"舞林高手"。结果读大学期间，王传福的名声就在学校里传开了，不是因为他学习好，而是因为他喜欢跳舞。

二、学者之路　崭露头角

1987年，王传福从中南大学毕业后考入中科院北京有色金属研究总院攻读硕士研究生。创建于1952年11月的有色金属研究总院，是我国有色金属行业中规模最大的综合性研究机构。

王传福的导师是著名专家李国勋。当时他正在主持"熔盐电解铝新型惰性阳极"课题研究，这是国家"八五"计划的重点攻关项目。为得到电解铝自动加料时铝电解质中氧化铝浓度的精确数据，王传福所在课题小组在1000摄氏度的高温环境下经历了数千次实验，最后不但出色地完成了任务，还形成了一套科学的测试方法。这个研究成果被译为多种文字在世界各专业杂志和学术会上交流。

据王传福在北京有色金属研究院攻读硕士时最亲密的师伯董俊卿教授回忆，当时的王传福明显比其他学生稳重成熟。在大家进行学术问题讨论时，王传福的观点不少，而且往往有出语惊人的新见解，尤其是课题进展中遇到难题困扰时。"他不但勤奋，更善于思考，是难能可贵的学者型人才！"董教授这样评价王传福。

王传福的导师李国勋非常器重他。李老师回忆说："他对专业知识抱着追究到底的精神，每次研究都弄到半夜；学习成绩很好，是很聪明的人。一毕业，我就问他愿不愿意留下来和我一起做研究。"王传福答应了，他已经决定将一生的奋斗奉献在电池事业上。

1990年研究生毕业后，在导师李国勋的推荐下，王传福留在中科院北京有色金属研究总院301室工作，主持碱性镍铬镍氢二次充电电池的课题研究。

经过刻苦研究，王传福突破了电池电极的利用效率和电池容量的技术瓶颈。之后又在电解质惰性阳极的优选研究中不断探索，取得了可喜突破。他的"稀土金属钕做电解阳极"和"影响金属陶瓷结构的氧化钇（Y2O3）"的研究报告又一次引起学术界的关注。在一次实验中用山东蓝色不透明宝石提取电极原料时，王传福发现宝石中掺进不同的金属离子，会使得宝石不但透明而且可以变幻出无穷的色彩。于是王传福对这个问题产生了浓厚的兴趣，经过反复地试验，一本《宝石手册》就这样诞生了。这种用熔盐电解方法进行宝石改色的工艺当时可谓绝无仅有，其成果发表在英国权威刊物《宝石杂志》，并先后在全球各地的专业刊物上被广泛转载。

由于做出这项研究成果，这时的王传福在世界上就有一点影响了。这时如果王传福选择出国，会比较容易，但王传福留在了国内。

其实，20世纪80年代末90年代初，全国掀起了出国留学的热潮。当时，稍有想法的人都会想方设法出去"镀金"。王传福所在的北京有色金属研究院的同学中，绝大部分人都通过各种关系流洋海外，能公派最好，实在不行自费也有很多人愿意，可以说只要能够出去，那些人都不太愿意呆在国内发展！

此时的王传福出国的机会很多，导师支持他出去"镀金"，国外的同学更是极力鼓动他，但最后都被他婉言谢绝了。对于院里的公派名额王传福无动于衷，他坚持认为，自己的根在中国，祖国培养了我，自己就应该倾尽所能报效国家。"留洋固然好，但学成之后又有多少人回来了？"他当时总是这样反问那些劝自己出国的人。尽管有人认为他固执，但今天看来，这正是王传福的心结所在，他不认为国外的东西就一定比国内的强。

三、深圳下海　龙跃飞天

由于研究成果卓著，1993年，年仅27岁的王传福被任命为北京有色金属研究总院301研究室主任，这是该院有史以来最年轻的处长。这一年，北京有色金属研究院和内蒙古有关方面合资成立了深圳比格电池有限公司，打算利用包头丰富的稀土资源搞新产品开发，这恰好与王传福研究的领域——二次充电电池密切相关。在导师李国勋的推荐下，部院领导有意让王传福将理论变为实践，于是王传福被研究院公派到深圳比格电池公司担任总经理。

王传福来到了深圳。一个年轻人与一座城市开始了不懈的赛跑。深圳是王传福的龙兴之地，他对深圳也有着深厚的感情，后来比亚迪的业务已经扩展到北京、上海、西安，但是王传福还是把比亚迪总部放在了深圳。这里是他放飞梦想的园地。

王传福深情地说："深圳是个年轻的城市，她充满了活力和激情，也充满了各种机遇。比亚迪是在深圳发展起来的，我们一直感受着改革开放的春风和雨露，政府对于比亚迪这样的高新技术企业的成长也给予了很大的关怀和支持。深圳对于比亚迪甚至我个人来说，都是家的感觉，这也是我将比亚迪总部设在深圳的原因。"

当王传福第一次来到深圳的时候，深圳发展产业的环境非常好；揣着自信和梦想的王传福，体味到前所未有憧憬和激动。崭新环境的机遇、建功立业的冲动，让王传福浑身充满了使不完的劲。对王传福来说，这是一个相当难得的机会，他从上大学本科到读研究生的研究课题，都是电池，现在终于有机会将"潜在的生产力转化为现实的生产力",终于有了一方自己的舞台。

更让王传福兴奋不已的是,二次充电电池,在中国可以说是一个既老且新的行业。说它老,是基于国际二次充电电池的发展来说的;说它新,是指在中国,这是一个新兴的行业。因为在此前,中国还没有一家像样和拥有独立知识产权的电池生产企业,市场前景不可限量。与此同时,国际电池市场却频频传来好消息,二次充电电池市场需求的缺口正在拉大。

王传福回忆说:"1993年我在一份国际电池行业动态中看到:世界电池制造大国日本宣布放弃镍镉电池的生产制造,而这将引发镍镉电池生产基地的国际大转移。我当时就意识到中国电池企业将面临前所未有、千载难逢的机会。"王传福作为深圳比格电池公司总经理真的可以大展宏图了。

但是让王传福始料不及的是,此时的他虽然担任比格电池公司总经理,但由于国有企业某些客观存在的问题,王传福在比格公司的发展战略上竟然没有自主权。王传福想要开始抢占日本人放弃的镍镉电池市场,但由于受体制限制,王传福的看法总不能得到贯彻。王传福几乎要眼睁睁地看着机会从自己手中溜走。王传福很失望,很苦闷。

初到深圳的兴奋与梦想几乎被击得粉碎。多少次王传福站在深圳黄金海岸温暖的晚风中反思,失望和痛苦的煎熬,像海浪一般阵阵向王传福袭来;他分明看到了美妙的市场前景,却无力施展自己的才华;他几乎听到了成功的脚步,自己却总是笼罩在一张无形的网中,任他拳打脚踢、腾挪跌宕就是挣扎不开。

王传福后来谈到自己下海的冲动是来自体制对自己才华的束缚。他说:"我看到国有企业的弊端,缺乏那种对人才个人利益的考虑,责任大利益小,在把一项技术做到成熟后很可能凭一张纸,没有说明就把人才调走。"所谓天高任鸟飞,海阔凭鱼跃,才华横溢的王传福需要自由的体制,更能激发年轻人创造力的体制。

20世纪90年代初的深圳,是一个每天都在发生奇迹的地方。此时此刻,在王传福的身边，一拨又一拨的年轻人，在下海，轰轰烈烈；一拨又一拨的年轻人，功成名就扬名立万。当时华为、中兴通讯等企业都发展得红红火火，而最为引人关注的还是在深圳旁边创业的史玉柱和他的巨人集团。

王传福与史玉柱同为安徽老乡，王比史小四岁。1992年，史玉柱将他的巨人总部从深圳迁往珠海。功成名急于炫耀自己的史玉柱，抛出了一个18层的巨人大厦设计方案。后来这一方案一改再改，从18层升至70层，成为当时中国第一高楼，需资金超过10亿元。

1993年，巨人推出M-6405、中文笔记本电脑、中文手写电脑等，其中仅中文手写电脑和软件的当年销售额即达到3.6亿元，巨人成为中国第二大民营高科技企业。1994年年初，巨人大厦动工，计划3年完工。史玉柱当选中国十大改革风云人物。1995年，巨人推出12种保健品，投放广告1个亿。史玉柱被《福布斯》列为内地富豪第8位。

同是安徽老乡，史玉柱叱咤风云，如此风光。而王传福还默默无闻，在苦闷中煎熬。

1994年，王传福再也坐不住了，他产生了离职的想法，要从迷惘中走出来。此时王传福面临人生最关键的"十字路口"，在一般人的眼中，他要么选择回研究总院，享受安逸的"铁饭碗"和优越的福利待遇；要么选择进其他电池公司供职，因为凭借掌握的电池技术知识王传福轻易就能进入任何一家电池公司的高级管理层。

当然王传福也可以选择自立门户，自己下海创业，但这样的想法却是各种选择中风险最大的。经过仔细权衡，王传福毅然走上了创业之路。尽管面临资金、设备等各方面的严峻考验，王传福还是决定学以致用，决然地走上了这条别人眼中的"不归路"。

让王传福坚定下海决心的，是王传福观察到一个现象：当时一种新的移动通讯工具"大哥大"开始大规模运用。那时要花2万-3万元才能买到一部"大哥大"，而一块"大哥大"电池要几百元甚至上千元。但是有点地位的商人都要手拿一部"大哥大"，可以预见"大哥大"的市场潜力是非常大的。王传福意识到手提电话的发展对充电电池的需求会与日俱增。而在他看来，技术不是什么问题，只要能够上规模，就能做出大事业。后来事实证明王传福的判断是正确的。

在深圳这片创业热土上，王传福与二十来个同样热血沸腾的年轻人，依靠并不多的原始资本，热火朝天地投入到公司创业的前期准备中。1995年2月，比亚迪就在深圳布吉镇租用的一幢厂房里悄悄地诞生了。

第三章
电池大王是怎样炼成的

日本将放弃镍镉电池生产的消息,让王传福看到了机会。王传福创办比亚迪,先生产镍电池,后来又生产锂电池,终于成就电池大王的霸业。

一、大业初创

1. 亲人相助

对全世界的创业者而言,他们第一个要面对的困难是钱从哪里来。王传福也是这样,当时国内没有风险投资的概念,王传福不可能从国外金融资本那里拉到启动资金,同时又不可能向银行借钱。有一段时间,王传福真是体会到了"一分钱难倒英雄汉"的尴尬,资金问题甚至要动摇他再坚持下去的决心!

比亚迪副总裁吴经胜谈起比亚迪大业初创时期遇到的融资困境依然记忆犹新,他说:"说实话,没想到比亚迪今天会做这么大。比亚迪当年的注册资本仅有450万元,由于还有相当一部分技术入股,手头的现金总是十分匮乏,贷款成为难题。我还记得当时王总要求我:'一年能贷来300万元就够了。'而现在比亚迪的发展连我们自己都始料未及。"

最开始寻找创业启动资金的时候,王传福找到了当时主投传统产业的汇亚基金负责人王干芝,王干芝对比亚迪的前景较有信心,可惜由于融资额度问题,并没有获得汇亚投资委员会最终认可。王传福生性倔强,第一次融资泡汤,让他大受打击,从此他再没有见过创业投资者。

说实话,王传福能够创业成功,最需要感谢自己表哥吕向阳,正是他在王传福下海之初借出的250万元启动资金,让王传福圆了比亚迪之梦。

吕向阳是王传福的表哥,他1962年出生于安徽无为的一个农民家庭。很小就离开了学校,1978年在16岁的时候,他接父亲班进入了中国人民银行安徽分行工作,一干就是15年。1993年,吕向阳开始创建融捷公司,主要从事房地产、纺织品等传统行业的经营。凭借精明的头脑和极其广泛的人脉，吕向阳很快就积累了大量财富。

1995年王传福准备下海创业，那么钱从哪里来？在从别处融资失败后，王传福找做房地产生意的表哥吕向阳借钱。一开始表哥也不支持他："我和你不一样，你是国家干部，职业稳定，前途无量，为什么要冒险下海呢？一个决定错了就全盘皆输，到时你怎么办？"

王传福胸有成竹地说："我是研究电池出身的，也有电池企业的管理经验，我相信自己能做好，你也知道我的能力。至于市场，你可以不相信我的眼光，但你一定要相信电池行业的潜力！"

久经商海的吕向阳听了王传福这番话，最终果断地借给了王传福250万元。他相信王传福的人品，也相信王传福的能力。

吕向阳对王传福的投资，当然是以亲情为纽带，但也跟其他的风险投资一样，追逐利润是永恒的目标。250万元投资王传福也让吕向阳尝到了甜头，可以说投资比亚迪是吕向阳事业发展过程中的一个重要决策。他的融捷公司不仅由此开始涉足高科技领域（充电电池），而且在一批能人的辅佐下，融捷公司开始了战略转型。由传统产业经营逐渐过渡到以专业投资为主，以充电电池等高科技产业和房地产业为辅的新格局，融捷公司也变成了融捷投资管理公司。

吕向阳的前期投资主要都投向产业目标，是一种产业投资。2000年以前，吕向阳对风险投资或证券市场上的资本运作接触不多。但这并不妨碍他快速的发展，到1999年，融捷集团及成员企业产值已达13亿元，经营利润约1.1亿元，员工1.3万多人。随着新经济的蓬勃发展和全球经济一体化，融捷公司将业务扩展到世界众多国家和地区，成为名副其实的跨国企业。而在这个过程中，其经营也发生了深刻的变化，产业资本逐渐向金融资本过渡。融捷集团的国际融投资目前托管着数亿元人民币投资基金和资产，为重要客户提供各类投资组合。这种转变，为融捷带来了更大的收益：2001年集团产值达30亿元人民币，投资服务业交易额3亿元人民币，出口创汇 1.2 亿美元。

王传福创业初期，资金比较缺乏，需要不断寻找投资者。比亚迪公司现在的大股东夏佐全就是在这段时间与王传福认识的。

夏佐全也是比亚迪实业公司的创办人之一，是比亚迪公司在王传福、吕向阳之后的第三大股东。他是湖北人，生于1963年。他于1983年接父亲的班在湖北省保险公司参与财务管理工作。1985－1987年，他在中国北京钢铁学院（现为北京科技大学）修读计算机科学。后又回原单位，工作到1991年。1992年，他开始从事证券投资业务，并先后创办武汉晨鸣信息有限公司、武汉创景科技有限公司，并任董事长一职。

有一次，王传福与夏佐全两人聚在一起探讨比亚迪二次充电电池的未来发展战略。由于两人对该领域都非常有想法，越谈越兴奋，越谈越有"英雄所见略同"的感觉。那一次两人彻夜长谈了两个晚上。王传福将自己的想法完整的表达给了他未来的盟友夏佐全，夏佐全也根据王传福对比亚迪现状以及未来的描述，提出了自己的意见和建议。此次畅谈之后，夏佐全作出了人生中的一个重大决定，投巨额资金支持王传福，支持比亚迪。顺其自然，两人也成为了并肩战斗的挚友。

2. 打造创业团队

1995年2月，比亚迪就在深圳布吉镇租用的一幢厂房里成立了，王传福与他的创业伙伴的奋斗开始了。最早比亚迪只有20多人，因此必须不断吸引人才加盟。

孙一藻是最早接到王传福创业邀请的人之一。孙一藻1990年毕业于江西广播电视大学。1994年10月，正在江西铜业上班的他接到王传福打来的电话，说自己和几个人想出来创业，需要一个对设备和机械制造有一定经验的人。虽然孙一藻之前和王传福只有一两次接触，但他早就厌恶了在一家国企里过着未来30年毫无悬念的生活。学矿山机械出身的孙一藻很快来到了比亚迪当时所在的深圳布吉。这是一个只有十几个人的团队，大家的吃、住、研发都挤在一间七层楼的顶层上，晚上几乎只能一字排开地睡觉。孙一藻被委以镍电池生产设备开发的重任，而实际上他一个人经常要兼任材料采购、设备制造和管理的多重任务。起初他觉得很简单，比如做个混料机，无非是把马达、控制电源和变速箱进行组合。但他很快发现，自己必须尽快成为一个电池行家，因为电池的特性决定了各种设备必须加以创新、改进，否则造的设备固然廉价，但毫无用途。这些叫不出名字的特殊设备就是今天比亚迪各个工厂里大批使用的非标准的、半自动化设备的雏形。

1995年9月，比亚迪已经由布吉迁至龙岗政华第六科技工业城，当时员工扩充到约300人。比亚迪副总裁吴经胜就是在这段时间加入公司的，吴经胜回忆说，当时对比亚迪前景的确有些困惑。"但王传福是个有大理想的人，他不仅十分聪明，还十分开明，对任何变化反应极快，并能准确地把握一件事。虽然比亚迪当时规模不大，但他对公司远景已有一个长远的发展规划，同时他让人感觉很有凝聚力。他就说了一句'你就留下来和我们一起干吧'，让我留到了今天。"

创办比亚迪之后，王传福就开始按照自己制定的电池产业发展计划来开辟比亚迪电池事业的未来。

刚创业的时候比亚迪各方面的人手都非常缺乏，在岗员工工作都非常忙。包括王传福在内的比亚迪高层不少领导甚至有好几天会一直都呆在公司里，忙得没有时间回家。晚上工作累了，也就是靠在办公桌上趴一会，打个盹之后立即起来继续工作。而王传福每天都要工作到凌晨1、2点钟才能忙完一天的工作。王传福的妻子生女儿的那段时间，由于正处于电池开发的关键阶段，王传福忙得不可开交，都没亲眼看到女生诞生的那一刻。直到几天之后，王传福忙完了手头的工作，才和妻子、刚出生的女儿享受天伦之乐。

品质是产品的生命，是企业的灵魂。众所周知，世界上先进的电池生产工艺都是全封闭全自动流水线作业，而比亚迪采用的手工组装的生产线在品质上如何与流水线作业对抗，并不断满足日益挑剔的市场需求呢？当时的王传福已经认识到了加强技术品质建设的重要性，就在人才市场上招聘了10名生化专业的技术人才充实自己的管理队伍。十人之中有一位名叫肖平良的人，他之前曾在一家外企供职，有相当的管理经验，于是很自然地担起了这批人才的排头兵角色。

从此，比亚迪的品质建设之路开始一步步稳健地迈了出去。1996年2月，比亚迪在国内同行业中率先通过了ISO9000认证，1998年通过ISO9001认证，2000年通过QS9000认证，并于同年又通过了ISO14000认证。一系列先进的质量管理体系保障着产品品质的不断提升，实现了比亚迪电池产销量的连年翻番。

比亚迪成立之初是相当弱势的，原料供应商的频繁更换不可避免。当时镍网的性能很有差异，随供货渠道变化其性能也有所变化。1995年一个周末的晚上，品质部加班的技术员发现，正极材料附着不到新购进的镍网上，肖平良亲自过来也没能解决技术上的难题。夜已经很深了，无奈中，肖平良拨通了王传福的电话，没想到王传福真的还在办公室。王传福很快来到品质部，站在那个简陋的实验室，从镍网和附着材料的构造、性能以及制造工艺方面给大家"讲课"。这位电池专家讲起他的本行来自然是滔滔不绝，在那儿一站就讲了一个小时！"没想到，一个作坊式小厂的老板对行业技术如此精通！"肖平良对这段经历异常深刻。

1998年初，王传福决定电池负极用钢带替换一直沿用的镍网，并成立了一个三人课题攻关小组，任命肖平良为组长。当时，电池行业的竞争已经进入赤膊战的白热化程度了，谁能更有效地降低成本，谁就能冲出这个惨烈的泥潭。所以，王传福下了死命令，要在短时间内拿下这个技改项目。在无任何资料可借鉴的情况下，他们硬是通宵达旦地"窝"在实验室里，只用了两个月时间就搞出来了，并很快应用到了生产线上。

传统的 Ni-Cd、Ni-H 电池的电解液注入采用的是浸泡后甩干,利用离心力实现注入量的控制,费时费力又浪费。通过技改攻关,比亚迪很快执行了定量注入的新工艺,将开口化成工艺改进成为封口化成工艺,这是比亚迪电池制造工艺上的一个里程碑,为比亚迪电池的不断发展壮大奠定了坚实的基础。

二、成本控制抢占市场

1. 上马镍镉电池

大业初创，王传福拥有的最大的资本就是战略眼光和冒险精神。王传福看问题总能看到点上，所谓一招致命。这一点尤其体现在后来他狂赌电池技术对未来汽车的关键作用。

回想起当时的情形，王传福都有些不敢相信自己哪来那么大的勇气。在当时，日本充电电池一统天下，国内的厂家多是买来电芯做组装，利润少，几乎没有竞争力。如何打开局面？经过认真思考，王传福决定依靠自身的技术研究优势，从一开始就把目光投向技术含量最高、利润最丰厚的充电电池核心部件——电芯的生产。在前有豺狼后有虎豹的电池生产行业，事实证明，王传福的这一招可说是比亚迪能够后发制人的关键所在。

此时正在寻求快速发展之道的王传福在一份国际电池行业动态中发现，日本宣布本土将不再生产镍镉电池，而这势必会引发镍镉电池生产基地的国际大转移。王传福立即意识到，这将为中国电池企业创造前所未有的黄金时机。于是，他决定马上涉足镍镉电池生产。

看准了机会的王传福在创业时选择专攻镍镉电池生产，把比亚迪起家的产品定为那些用于无线电钻、电锯、应急灯等产品的镍镉工具电池。这些产品在欧美需求量极大。

那时，日本的一条镍镉电池生产线需要几千万元投资，再加上日本禁止出口，王传福买不起也根本买不到这样的生产线。这该怎么办？王传福来了个"土法造电池"，王传福根据企业的特点，利用中国人力资源成本低的优势，决定自己动手建造一些关键设备，然后把生产线分解成一个个可以人工完成的工序，结果只花了 100 多万元人民币，就建成一条日产 4000 个镍镉电池的生产线，总体成本比日本对手低了 40%。

"这是没有办法的办法。我们这一波创业的人掌握的机会不是很多，所以必须创新，必须有制胜的法宝。"王传福说道，"我们经常算这样的账，一套进口设备 20 万美元。按 60 个月折旧，一个月 2 万元人民币。如果这笔钱用来雇佣工人，2 万元可以请多少人，十几个人顶不上一个机械手吗？"

王传福将技术密集型的电池生产改造成了劳动密集型，假如我们走入比亚迪的电池生产车间就会看到如下情景：在一条条六七十米长的流水线上，密密麻麻地坐着四五十名工人。他们身穿普通的棉布工作服，坐在常温的车间里，每个人手边都有一种夹具，帮助他们准确地完成点焊、检测、贴标签等工作，手中的动作可以按秒计算。十几条生产线组成的车间因为拥挤而显得有些杂乱。而在日本，生产同样的产品，工人们必须穿好净化服，经过淋浴吹风之后走入宽敞明亮的真空车间。在那里，每一条电池生产线上都配备了最先进的自动化设备，一条线上仅需要几个工人。

王传福的这一变革，节省了大量的成本开支。利用成本上的优势，通过一些代理商，比亚迪公司逐步打开了低端市场，仅在 1995 年就卖出了 3000 万块镍镉电池。而他自创的这种半自动化半人工化生产线所具备的成本优势，则成为他日后商战无往不利的"尚方宝剑"。有了自制生产线的经验后，他发现，充电电池业实际上是高科技与劳动密集型相结合的产业，重视成本控制和工艺的可操作性往往可以起到四两拨千斤的效果。而一项工艺变化甚至会带来 10 倍的成本变化。

凭借这一成本优势比亚迪很快占据了低端市场，然而眼光远大的王传福没有止步于此。1995 年下半年，王传福试着将比亚迪的产品送给中国台湾最大无绳电话制造商大霸试用。没想到的是，比亚迪产品优秀的品质、低廉的价格，引起了大霸浓厚的兴趣。当年底，大霸毫不犹豫将给三洋的订单给了比亚迪。

1996年,比亚迪公司取代三洋成为中国台湾无绳电话制造商大霸的电池供应商。大霸是电信巨头朗讯的OEM(原始设备制造),比亚迪公司因此成为朗讯的间接供应商,拿到了进入日系电池制造商竞争腹地的第一张行业通行证。1997年,比亚迪公司镍镉电池销售量达到1.5亿块,排名上升到世界第四位。

在镍镉电池领域站稳脚跟后,信心大增的王传福又开始了镍氢电池的研发,并从1997年开始大批量生产镍氢电池。镍氢电池(Ni – MH Batteries)是早期的镍镉电池的替代产品,镍镉电池不再使用有毒的镉,消除了重金属元素对环境带来的污染问题,并且也减小了镍镉电池中存在的"记忆效应"(记忆效应是电池因为使用而使电池内容物产生结晶的一种效应)。

同时比亚迪积极渗透入上游:镍镉电池所需负极制造材料钴,性能较好的钴需要进口价格昂贵。比亚迪与深圳一家公司合作,仔细研究了国内外钴的品质差距之后,制定了提高国产钴品质的办法,终于使国产钴品质达到标准,这一材料的替换使成本降低40%。

王传福投入了大量资金,购买最先进的设备,搜索最前沿的人才,建立中央研究部。他还从兰州大学挖来自己的老同学李维,让这位化学博士负责整个技术的攻关,以及产品性能质量的改进。王传福说:"在国际市场竞争,我们学会一个全新的思考问题的方法,当今国际竞争,已是一个角力不如角智,比价格不如拼技术的时代。"

在王传福的事业开始做大的时候,比亚迪的股权结构也经历了几轮调整。1995年比亚迪成立,注册资本450万元,三大创始股东是深圳冶金矿山联合公司、广州天新科贸实业公司和深圳丽达斯贸易有限公司,分别持股64.4%、31.1%、4.5%。

广州天新就是王传福表哥吕向阳的企业,吕向阳和太太张长虹一起持股84%,吕向阳的胞弟吕守国持股3%,王传福持股10%,按照广州天新持股比亚迪31.1%计算,王传福当初在比亚迪只有3%多的话事权,可以说比亚迪当初并不是王传福的。

1997年10月,大股东深圳冶金矿山联合公司出局,把股份转让给广州融捷、王传福、创业伙伴夏佐全,新公司股东变成广州融捷投资管理集团公司(34.4%),广州天新(31.1%),王传福(20%),夏佐全(10%),深圳丽达斯贸易有限公司(4.5%)。

广州融捷投资管理集团公司也是吕氏家族的。吕氏家族在比亚迪中的股份超过了65%,处于绝对控股地位,和吕氏家族关系不大的深圳丽达斯贸易有限公司只有4.5%。

股权大局已定,1998年1月,股东们开始大规模增资,广州融捷出资1655万元,王传福个人出资640万元,夏佐全个人出资255万元,把比亚迪注册资本扩大到3000万元。增资是很多企业股东重新洗牌的手段之一,玩得起的陪着大股东一起玩,玩不起的很快被稀释股权。

这次增资后,广州融捷持股达到60.33%,王传福增加到24.33%,夏佐全还是10%,广州天新持股降到4.67%,深圳丽达斯持股一下子降到0.67%。可以看到,王传福已经到达第二大股东的位置,广州融捷是龙头老大。

同时,比亚迪和王传福太太李绍华各持股40%和29.5%,成立深圳里比电池有限公司,开发锂电池。2001年6月6日,该公司更名为比亚迪锂电池有限公司。

2. 扬帆亚洲金融风暴

1998年经过新一轮融资,比亚迪公司注册资金从450万元扩大到3000万元。这一年,比亚迪公司镍氢电池销售量达到1900万块,一举进入世界前7名。

这时一场突如其来的金融风暴,开始席卷亚洲,泰国、马来西亚、韩国等亚洲国家经济实力大受冲击。全球电池产品价格下跌幅度在20%到

40%之间，但是恰恰在很多日系厂商盈亏线吃紧的时候，比亚迪的低成本优势越发显得游刃有余。这一年比亚迪的增长高达90%，王传福十分得意，"这一现状实际上给了我们机会，我们打的就是性价比优势之战。"

市场已是势如破竹，1998年，世界上最大的电动玩具制造商，日本的Nikko公司，将巨额的采购订单由本土企业转至比亚迪；飞利浦的无绳电话业务和世界上最大的无绳电话制造商V－tech电池先后到来。接下来的两年，日本本土的无绳电话制造商松下、索尼、全球赫赫有名的GE、AT&T、Uniden，电动工具商Ryobi、Craftsman和业界老大TTI也先后向比亚迪发出了令人激动的大额采购订单。在镍镉电池市场，王传福只用了3年时间，便抢占了全球近40%的市场份额，比亚迪成为镍镉电池当之无愧的老大。

此后，王传福把目光放到了欧美和日本市场。1998年至2000年，比亚迪欧洲分公司、美国分公司先后成立。

在镍镉电池，镍氢电池占领市场后，从1997年开始，比亚迪尝试自主研发锂离子电池（Li－Ion Battery），为此还专门成立了深圳里比电池有限公司。锂电池性能非常优良，最早出现的锂电池来自发明家爱迪生的实验室。锂电池不存在镍镉电池的所谓记忆效应，可以快速充电，不含镉、铅、汞等重金属元素，对环境无污染。但由于锂金属的化学特性非常活泼，使得锂金属的加工、保存、使用，对环境要求非常高。

锂电池自1990年由索尼首次成功产业化以来，在市场上推广迅速，被广泛用于各种电子设备。近年来手机、数码相机、笔记本电脑等数码产品的高速发展，给锂电池的发展带来了广阔的空间。由于我国有着得天独厚丰富的锂矿资源，是发展锂电池的最大优势之一，这给我国企业带来了难得的机遇。但上个世纪90年代初，充电电池市场几乎是日本厂商的天下，三洋、索尼、东芝、松下等制造商占据着全球近90%的市场。

经过几年的实验室准备，在技术比较成熟后，2000年，王传福决定进入锂电池领域。

他带了200万人民币去日本买设备。结果到一家日本公司一问，日方开口就是500万美元，并且明白地说你们中国人没办法做锂电池，你们还是打道回府吧。再到另一家公司一问，一间配备全自动化设备、全干燥的锂电池工作室需要几十亿人民币。王传福有点傻眼了，比亚迪的这点钱真是不够买一条锂电池生产线的。

王传福不是轻易放弃的人。他决定延续之前的做法，开始把大批的镍电池生产设备搬到锂电池生产线上，不能兼容的就重新设计，暂时设计不出的，就用人工和夹具来做。比如要裁剪一块很大的极片，买不起日本的分切机时，就用中国的裁纸刀配上一块长宽相等的挡板作为夹具，保证裁剪尺寸。等条件好一点了就用剪板机，再好一点就用自动的分切机。再比如，一台日本进口的涂布机要将近2000万元人民币，比亚迪则自己研制。第一代产品要分两道工序涂完双面，第二代就可以同时涂两面，到了第三代已经可以控制涂刷的具体位置。经过一段时间的磨合，王传福率领比亚迪克服了锂电池的进入壁垒，生产出高质量的锂电池。2000年当年，比亚迪成为摩托罗拉的锂电池供应商。

王传福分析说，在比亚迪进军锂离子电池领域时，国内已有多家厂商进军锂离子电池领域，但它们都在走日本人的老路，甚至花数亿元将日本老的生产线买下来。而引进技术的结果是受制于人，任何一个零件的替换都需要求助于日本。

而比亚迪却不是这样干的，在自己研发设备降低成本的同时，王传福在通过工艺、原料和质量控制降低成本方面也投入了大量的精力。他说，用研发设备降低生产成本，固然是一种办法，但这只是一块硬币的一面，而降低成本的另一面则是工艺的改进。"你信不信，一项重大工艺改进给比亚迪带来了10倍的成本变化！"王传福自豪地宣称。

当时手机锂电池一直被日本企业垄断，价格每块平均8美元，王传福一出手就把锂电池的价格拉到了2.5美元。比亚迪的生产方式使锂电池的生产成本骤降。经过几轮降价下来，一块锂电池比亚迪的成本只需1.3美元，而其最大的竞争对手三洋则为 4.9 美元。

锂电的突破，不但打破了日本企业一统天下的局面，更从价格层面颠覆了整个电池市场。"1994 年那时候，手机比较贵，一块电池可能要上千元。比亚迪量产之后，大家便可以买到十几、二十几元的产品。"夏治冰说，"我们已经破除了日企的垄断地位，包括索尼、东芝，我们正把它们一步步逼到墙角。"

比亚迪在电池生产模式上的创新，把技术密集型的生产方式变为劳动密集型，充分发挥了中国劳动力成本低廉的优势。王传福幽默地说："很多人第一次来我们这里，看到这么多人感到害怕。他们从来没有见过这么多人造电池、造手机。"

第一次来比亚迪参观的摩托罗拉、诺基亚无不为比亚迪的生产方式感到惊讶，担心比亚迪能否避免人工操作带来的变量。但现在，他们对这一点不再担心，而且发现这种半自动化半人工的生产线还具有纯粹自动化生产线所不具备的优势。首先是灵活性。当客户提出更换产品，或增加订货量的时候，比亚迪可以自行调整生产线，无需依赖外援。王传福说："一套 1000 万块电池的生产设备我们三个月内就能做好，而一家日本企业从引进自动化设备到调试完毕，至少需要一年的时间。"

其次，半自动线不会出现全自动化生产线批量出错的毛病，避免发生几千万块电池的召回。有时候自动化生产线，一个产品变量出问题，如果发现不及时就会导致几千万块电池出现同样的问题，这是一笔巨大的损失。依靠半自动化半人工的生产线这种问题可以得到比较好的解决。

总之，战无不胜的王传福一旦进入锂电池领域，很快就取得突破，很快拥有了自己的核心技术，并成为摩托罗拉的第一个中国锂电池供应商。2001 年，比亚迪公司锂电池市场份额上升到世界第四位，而镍镉和镍氢电池上升到了第二和第三位，实现了 13.65 亿元的销售额，纯利润高达 2.56 亿元。2008 年，比亚迪以近 15% 的全球市场占有率成为中国最大的手机电池生产企业，在国际市场上正与日本三洋一决雌雄。到 2009 年 1 月王传福在"2008CCTV中国经济年度人物"的年度创新奖领奖台上宣布比亚迪锂电池已经占据全球市场份额第一的位置。

一直以来,王传福经常在内部会议上向比亚迪员工讲述比亚迪的这段历史,王传福总是说,1997年比亚迪开始研发锂离子电池,当时只有日本企业掌握着这项技术,连美国、法国都没能解决核心技术问题。比亚迪对锂离子电池生产过程进行了大胆的创新,当第一块锂离子电池研制成功的时候,日本人不屑一顾,因为当时从技术、设备、原材料、工艺等各方面都是日本企业垄断,而且是绝对保密概不对外的。不过,后来事态的发展完全出乎日本人的预料。

王传福说:"后来日本人从中国台湾经销商那儿得到我们的锂离子电池,对各项指标一经测试,傻了眼,感觉被我们比亚迪狠狠地抽了一记耳光,对我们的锂离子电池由不屑变为恐慌,因为我们的价格只有他们的一半多。我们从产品设计到整个工艺过程控制都是完全创新的,而且是大批量生产,当时锂离子电池市场是供不应求的,我们仅靠锂离子电池一项创新,每年就能给公司带来近10亿元的纯利润。"

通过这段锐意创新的历史,王传福想要向员工传达一个信息:只有技术创新才能给企业带来一个美好的未来。归纳为比亚迪的企业文化就是"技术为王,创新为本"。

3. 争夺大客户

就比亚迪所在的二次充电电池市场来说,这是一个明显分为三级的市场,第一级为替换品市场,这里的供应商云集的是一些小品牌,没有自己的核心技术,自然没有丰厚的利润;第二级是品质要求比较高的国内厂商,这些厂商要求供应商有相对高的品质和相对低的价格;而第三级市场,是该产业最高级别的市场,像大霸、朗讯等国际巨头。他们对供应商的品质、技术、研发能力有很高的要求,当然,它们也是最大利润所在。

二次充电电池进入的门槛相对较低,其生产模式更是简单——从上游企业买来生产电池所需的配件，加工组装就成了。是一开始就切入第三级市场，还是从第一级市场循序渐进的达到第三级市场？为了能够保证资金回笼迅速，王传福放弃了国内不少二次充电电池企业采用的市场策略——以国内市场为主，而是选择了国际市场作为自己开拓的客户群所在，借国际客户的高信用度保证了资金的迅速回笼。

没想到，这个看似艰难的办法，却带来意想不到的效果，王传福提供的选择，恰恰迎合了国际市场竞争的需要。1995年下半年，王传福试着将比亚迪的产品送给中国台湾最大无绳电话制造商大霸试用。令不少人没想到的是，比亚迪产品优秀的品质、低廉的价格，引起了大霸的浓厚兴趣。当年底，大霸毫不犹豫将给三洋的订单给王传福。刚一出道，王传福就得到了客户的认同，福气不小。他也明白了一个道理，"你只有真正地为客户着想，你才会赢得客户的订单，甚至是客户的尊敬！"这样才能克服资金短缺的困难，乃至于获得利润。

为进驻高端市场，争取到大的行业用户和大额订单，尝到甜头的王传福不断优化生产工艺、引进人才，并购进大批先进设备，集中精力搞研发，使电池品质稳步提升。王传福还经常出国参加国际电池展示会，直接与能下大订单的摩托罗拉等大客户接触。他相信获得了客户的认可后，公司的订单就会如滔滔江水，源源不断。

大的客户一般都有严格的质量管理体系和工序体系，这就要求为其提供产品的企业也必须适应这些体系，从而能够相应提高供货企业自身的生产水平。此外，大客户的意义还在于能带来更多的大客户。王传福在比亚迪的发展过程中逐步意识到了这个问题。于是，就主动打响了比亚迪锂离子电池厂创立之后的一场争取大客户战役——争夺摩托罗拉的订单。

为攻下这个前所未有的大客户，比亚迪成立了一个专门的小组，技术部、品质部等部门协调作战。比亚迪客户服务二部经理陈刚当时即是其中的一员。陈刚还清晰地记得当时锂电池公司所有的人都在一个大办公室中，王传福总是每次加班到最晚的人。为争取摩托罗拉，王传福经常和员工一起准备材料和样品，测试设备。王传福曾说："摩托罗拉这样的大客户不仅对配套产品有极高的品质要求，它更重视配套厂商有无技术发展潜力。其专门派人进驻比亚迪进行了长达半年之久的观察。最终，我们获得了认同。"

王传福说，对摩托罗拉这样的大客户，我们要做的，就是根据他们的要求，不断地改变自己，当他们的要求提完了，也是在合同上签字的时候了。

2000年11月，比亚迪通过了摩托罗拉的审核，王传福赢得了摩托罗拉首期20万支电池的订单。但这仅仅是个开端，到2002年底，王传福不仅取得了摩托罗拉全球约30%至40%的手机电池业务，甚至还和摩托罗拉首席执行官克里斯托夫成了好朋友，克里斯托夫称他是"制造中国传奇的小伙子"。这一年，比亚迪还被摩托罗拉公司授予"优秀供应商"称号。

2000年底比亚迪终于成为第一个为摩托罗拉生产锂离子电池的中国厂商。摩托罗拉全球约30%至40%的手机电池业务全部转单交由比亚迪生产，这是以三洋、松下、索尼、东芝为首的日系厂商所面临的来自中国这个新兴对手的第一次真正难以承受的冲击，受伤最重的是松下和东芝，此前他们同是摩托罗拉的全球最大供应商。

紧接着爱立信也转单给了比亚迪，加上在摩托罗拉之前的飞利浦，比亚迪一跃成为三洋之后全球第二大电池供应商，其所据有的15%的全球市场，使日系厂商订单急剧减少，导致其全自动生产线面临严重的产能不足，除三洋之外日系厂商电池产业全面亏损。

而三洋之所以仍能赢利，取决于他目前的两个最大客户，一个是诺基亚，一个是百得。王传福摊开双手，颇有意味地说："在蓄电池的OEM市场，我们面对的其实是同一批客户。"2002年比亚迪已经开始给诺基亚供货，按照王传福的计划明年百得将会是他们的下一个客户。如果此计划能够成功的话，三洋的好日子似乎也不会长远了。"三年之内我们将取代三洋,成为电池产业的全球老大。"说这话的时候,王传福神情轻松自若。如果要在三年之后取代三洋成为全球老大,比亚迪的增速应该在40%左右,而目前比亚迪始终保持了近70%的增长速度。

　　双方产品的价格差已经由最初的40%下降至10%左右,据业内分析,三洋的价格体系正面临前所未有的考验,目前的价位很可能已经靠近其盈亏线。

第四章

登上巅峰

比亚迪的上市让其在电池制造行业一时风光无两，而面对电池巨头三洋、索尼的围追堵截，王传福和他的团队沉着应对，用行动证明：中国企业不怕专利战！

一、成功上市

1. 上市路演

1998年为开发锂电池，王传福成立了深圳里比电池公司。比亚迪公司和王传福太太李绍华各持股40%和29.5%。2001年6月6日，该公司更名为比亚迪锂电池有限公司。

2000年1月，王传福开始集中收购股份。吕向阳的广州天新首先出售持有的比亚迪实业4.67%的股权，王传福接手。广州融捷随后转让所持比亚迪实业10.33%的股权，王传福再接手。

到2001年，最早的投资者深圳丽达斯贸易有限公司出售和转让在比亚迪实业公司中的注册资本中所有权益，王传福全部接盘。公司股东精简到广州融捷（50%）、王传福（40%）、夏佐全（10%）。这样一个股权结构是简单清晰的。

到2002年3月6日，新的一轮股权交易再次开始，已经简单的结构再次复杂化，

广州融捷和夏佐全分别将持有的23.55%和1.40%股权转让，王传福获得0.97%，吕向阳获得8.72%，公司管理层获得13.76%，三名个人投资者（戴常、古伟妮、贾言秀）共持有1.50%。

同时，广州融捷、王传福、夏佐全再分别把5%、4%、1%的股权转让给吕向阳的太太张长虹、王传福的太太李绍华、夏佐全的太太杨志莲。此时，王传福持股36.97%，广州融捷持股21.45%，夏佐全持股7.60%，管理层持有13.76%。

比亚迪实业的股权分配好之后，比亚迪锂电池公司也经历了一系列股权变更。1999年9月，比亚迪持有比亚迪锂电池公司35.68%，王传福太太李绍华持股26.99%，其余25名股东持股37.33%。

这25名股东都是比亚迪的高管，王传福有意让他们获得部分股权，以使他们自觉将自己的未来与比亚迪公司的发展紧密联系起来。这些高管包括杨龙忠、王念强、吴经胜、李柯、毛德和、孙一藻、刘焕明、何龙、张金涛、刘卫平、万秋阳、夏治冰、何志奇、吴昌会、肖平良、朱爱云、方芳、渠冰、刘伟华、李竺杭、王海全、谢琼及肖峰。

2000年经过一系列交易，比亚迪退出锂电池公司，股东都变成了个人：李绍华持股33.21%，吕向阳持股20.22%，王传福持股0.91%，其余25名股东持有45.66%。到年底，股东数目再增加到31个。到2001年9月，李绍华退出，王传福很自然地接盘，成为比亚迪锂电池公司的大股东。

2002年4月，比亚迪开始为中国香港上市做准备，比亚迪锂电池公司股东将90%权利以39元的价格转让给比亚迪，价格虽然低廉，但比亚迪完成了公司结构重组的第一步。

2002年4月30日，吕向阳的太太张长虹、王传福太太李绍华、夏佐全太太杨志莲分别将刚刚获得的5%、4%和1%股权，以3元人民币的价格转让给广州融捷。同时，广州融捷又将19.97%比亚迪以39元人民币价格转让给比亚迪的其他股东。

这一系列的操作其实都是为2002年6月11日比亚迪股份制改造埋下伏笔。王传福的比亚迪实业要准备在中国香港上市了。无疑，成为上市公司对比亚迪的发展是有利的。上市即IPO，IPO全称Initial Public Offering（首次公开募股）指某公司首次向社会公众公开招股的发行方式。

按照IPO程序，首先，要公开募股的公司必须向监管部门提交一份招股说明书，只有招股说明书通过了审核该公司才能继续被允许公开募股。接着，该公司需要四处路演（Road Show）以向公众宣传自己。经过这一步骤，一些公司或金融机构投资者会对IPO的公司产生兴趣。他们作为风险资本投资者（Venture Capitalist）来投资IPO的公司。

其中一个金融机构也许会被聘请为IPO公司的承销商（Underwriter）。由承销商负责IPO新发行股票的所有上市过程中的工作，以及负责将所有的股票发售到市场。IPO新股定价属于承销商的工作，承销商通过估值模型来进行合理的估值，并有责任尽力保障新股发行后股价的稳定性及不发生较大的波动。IPO新股定价过程分为两部分，首先是通过合理的估值模型估计上市公司的理论价值，其次是通过选择合适的发行方式来体现市场的供求，并最终确定价格。

为了在中国香港上市，比亚迪已经将股权在公司内部进行了分配。接下来就是按照IPO的程序进行了。

比亚迪的保荐人是巴黎百富勤公司。说起百富勤与比亚迪的结合，其中还有一段故事。1999年底，基于对国内制造业前景的良好预期，巴黎百富勤寻找到一家生产锂电池的企业，欲将其包装上市。但在调查中，却发现这个企业的目标是5年后赶上比亚迪。自然而然，百富勤将注意力转向比亚迪总裁王传福，当时比亚迪的年利润只有5000万元，并不急于上市。然而百富勤作为国际财务顾问一陪便是3年，直到2002年7月30日，比亚迪上市时其当年利润预测已达5亿多元。3年内，巴黎百富勤一直跟踪比亚迪，帮助比亚迪做企业重组和商业建议书等，默默地等待比亚迪上市时机的成熟。

2002年7月11日至25日的在百富勤的支持下，比亚迪进行了环球路演，比亚迪路演团当时跑了中国香港、新加坡、米兰、伦敦、爱丁堡、波士顿、纽约等10余个城市，会见了大约600位基金经理。"从早餐会开始，我们就展开路演。BNP百富勤还特意安排我们与大基金进行面对面的对话。"王传福说。

这些日子，王传福很紧张，担心股票发不出去。王传福回忆说："有时候晚上睡不着觉。在差不多11天里，会见了约有600个基金经理。最多一天有九场会议,从早餐到晚餐,最后到夜宵都是和基金经理在一起,我们感到很高兴,就是说这些基金经理都愿意见我们。"

在到新加坡去路演的时候,王传福还遇到了一位一直期待着比亚迪上市的日本基金经理小川将。

"我没有想到会碰到如此兴奋的投资人。"王传福回忆说,"这个故事非常有趣,我们在新加坡推荐的时候,因为我们企业是做充电电池的,属于那种元器件类的,因此宣传不是很多,我们上市的时候这个基金经理才发现,找到了比亚迪。他说在两年前他买过三洋的股票,他曾问三洋未来谁是你的竞争对手,三洋说,中国的比亚迪是他未来最强劲的一个竞争对手,他回去就开始查,两年前我们没有上市,自然查不到,他一直等待。终于,在新加坡一个午餐推荐会上我们遇到了,他非常兴奋,说要买很多股票。"

当然也并不是所有的基金经理都像小川将这么对比亚迪有如此多的期待,也有很多基金经理非常有针对性地问一些问题,有时非常刁钻。让王传福记忆犹新的是一家美国公司的基金经理,他的问题让比亚迪路演团很尴尬。

在会谈中,王传福提到某品牌的一个无绳电话,说比亚迪给这个品牌供应电池。这个基金经理说这个牌子的无绳电话性能很差。这样直白的语言一下子让比亚迪路演团成员们颜面丧尽,下不了台。王传福回忆说:"当时我们许多人都生气了,我是唯一一个没有脾气的。"

接下来这位经理又问:"你们的技术专利是不是抄三洋的,抄日本的,抄韩国的?"

面对挑衅,王传福泰然处之,回答说:"如果有一天你到工厂看,我们的工艺、我们的生产线和日本是截然不同的。日本是用纯干燥室来做锂离子电池的,我们比亚迪是不用干燥室做锂离子电池,这是截然不同的。"

对这样百般刁难的基金经理,王传福还是抱着理解的态度,他说:"我感觉到这个人在与比亚迪会谈之前上过当。不可否认,一些企业可能会做出一些不太好的数据，令他很反感，后来他要股票的时候，我们蔡总说要不要给他股票，我说还得给他股票，他后来还是要了。"

在比亚迪进行路演的时候，由于美国公司丑闻的不断曝光，全球股市处于动荡之中，但路演还是取得了很大的成功。在比亚迪成功上市之后，比亚迪的这次路演还取得了最短路演的记录。

2. 亚洲之星华丽上市

经过前期的股权分配与环球路演之后，2002年7月31日，比亚迪（1211HK）在中国香港主板如期上市。在中银中国香港和长江生命跌破发行价以及大陆个别民企备受中国香港投资者质疑的市道中，这只"传统电池股"居然以10.95港元的高价发行成功，顺利达到募资16亿港元的目标，此后更呈日日攀升之势。

据业内人士评判，此次IPO比亚迪创下了数个纪录，一是发行价在54只H股中位列第一；二是BNP百富勤保荐企业中路演时间最短的公司；三是面向散户10%的公售部分获得了2.4倍的超额认购，而面向机构投资者配售获得了惊人的7倍超额认购；四是成为道琼斯指数下挫20%，全球投资者惶恐期中成功发行的罕见个案。

通过比亚迪在港股主板的优异表现，2002年10月王传福则首次跻身《福布斯》中国大陆富豪榜，并且取得了41名的好成绩。当时福布斯杂志给出的数据是："2002年夏天成功地在中国香港主板上市。去年的销售收入达1.55亿美元（合12.56亿人民币），纳税0.24亿美元。"王传福的表兄吕向阳也以1.45亿美元首次冲上富豪榜的第48位。真是"上阵亲兄弟，杀敌父子兵"，2002年夏天，王传福吕向阳这对表兄弟演绎了一个激情绽放的财富神话。

按照比亚迪的股权分配，王传福本人在比亚迪股份的持股比例仅为28%，而其他34位高管获得了高达22%的股份。这样在2002年夏天，比亚迪诞生了几十位千万富翁。"比亚迪真是一架造富机器啊。"外界感叹道。

比亚迪在股市上的优异表现，让所有荣誉都朝王传福蜂拥而至。2002年11月王传福获中国香港"紫荆花杰出企业家"奖，同年被评为中国优秀民营企业家。2002年比亚迪公司被全球权威刊物《亚洲货币（Asia Money）》评审为"2002年最佳新上市公司管理奖"第一名，并被全球权威刊物《财资（The Asset）》评审为"2002最佳中型企业上市集资项目"。

2003年6月，王传福以华人企业家身份获得美国《商业周刊》一年一度的"亚洲之星"，当选的25位"亚洲之星"中，来自中国大陆地区的只有王传福一人。王传福从美国前总统克林顿手中接过了"亚洲之星"的证书，王传福与克林顿亲切握手。与福布斯富豪榜上榜富豪的桂冠相比，霸气十足的王传福更喜欢"亚洲之星"这个称号。

比亚迪的在股市上的抢眼表现，让很多投资人后悔不迭。早在1997年，中国香港汇亚集团的董事和执行副总裁王干芝就和王传福接触过，当时比亚迪的规模还不大。双方协议的投资额只有50万美元，这笔钱小到让汇亚投资委员会不屑考虑。但是由于种种原因，最终汇亚还是与比亚迪擦肩而过。王干芝和王传福二人后来在去西安的飞机上偶遇，此时比亚迪已经成了中国最大的充电电池生产基地。在一万多米的高空，王干芝看着BNP百富勤和工商东亚争夺这块从自己手中溜走的香饽饽，心中很不平静。

比亚迪成功上市，引起工商界和新闻媒体的震惊。怎么忽然杀出一匹黑马？比亚迪是何方神圣？当时大家都有这样的疑惑。外界一直奇怪，中国不乏电池企业，甚至还有相当多的企业在国内知名度颇高，但为什么偏偏是名不见经传的比亚迪抓住了国际市场的机会。

王传福本人就是这个问题的答案。所有的奇迹都是在7年半默默无闻的艰苦奋斗中创造的。七年之中，王传福使成立之初仅20人的比亚迪发展到了15000人的规模。除了1997年和2001年只增长了70%之外，比亚迪公司其他年份的增长都在100%以上。比亚迪在招股说明书中对未来年均业绩增长的承诺是40%，并且每年实施不低于利润30%的派息。而对2002年的业绩承诺是销售收入突破25亿元，实现利润5.6亿元。

王传福称："这些数字都很保守。"

此时的王传福意气风发，他的目标是在3年内超越三洋成为全球最大的小型充电电池供应商。在他看来这并不是一个不可企及的目标。王传福的底气在于比亚迪的成本优势。

他说："成本法宝已使比亚迪达到这样一种境界，当国际电池市场需求旺盛时可以赚很多钱，但当市场变冷，其他厂商几乎无利可图时，比亚迪仍然有钱赚。""比亚迪的总体成本要比日本对手低40%。因为充电电池业实际上是高科技与劳动密集型相结合的产业，重视成本控制和工艺的可操作性往往可以起到四两拨千斤的效果。""一个企业要看在逆境中是否有生命力，成本优势已使比亚迪可以逆流而上，去年大部分日本电池厂商都亏损，而比亚迪却赚了2个多亿。今年市场转暖，我们更会大赚特赚。"

王传福做的是实业，他不是投机者，虽然这次上市，使BNP百富勤和比亚迪都名利双收。但王传福并不是急于上市圈钱，他一直在等，直到2002年他觉得时机成熟才真正着手准备上市。他说："1999年到2000年是VC（全称Venture Capital 风险投资）蜂拥比亚迪的两年，但我们并不急着吸引资金或上市，一方面原因是由于我们对资本市场认识不足。但更重要的是我觉得比亚迪做的还不够大。""比亚迪并不急着吸引资金或上市，更习惯用历年的利润积累去发展。"

王传福说："我们企业从1995年成立到现在差不多八年时间，我们在内功方面，时时刻刻把品质和成本作为最重要的任务去抓，只有这两点提高才能提高我们的盈利能力，这样使我们的投资者总是相信在未来三至五年里面，有绝对强的盈利能力，绝对能够令他们赚钱。"

这次成功在中国香港上市，让王传福第一次尝到了国际资本的甜头，他说："我最大的收获不仅是募资16亿元的成功，而是认识了相当一批国际投资基金，视野前所未有的开阔。"

仅仅两周的环球路演,让王传福认识了世界各地的基金经理。而比亚迪上市的结果也在证明它受到有实力的国际机构投资者的追捧,90%比例的配售部分获得了7倍超额认购。包括 Captial International 这样拥有数千亿美元资金的巨型基金也青睐于比亚迪。

王传福分析说:"国际大型基金的投资期一般长达五年,这将决定比亚迪股价的稳定并带来长远的资本支持。""摒弃短线投资者,争取长线投资者是比亚迪的目标,我们不需要炒家。"

比亚迪成功上市,另一个最引人注目的地方是比亚迪成为一架货真价实的造富机器。除了吕向阳、夏佐全这些比亚迪早期投资者获得丰厚回报外。比亚迪上市后,王传福的持股比例为28%,虽然他是单一最大股东,但比亚迪其他34位高级管理人员也获得了高达22%的股份,比亚迪的上市令他们一夜暴富,一夜之间在比亚迪管理层几十位千万富翁诞生了。比亚迪分利管理层的股权结构与过去几年在A股市场上市的多家创业者控股的民营企业形成了鲜明对比。那些企业只是富了几个人,大多数人还是打工仔。

王传福的慷慨大度,使他赢得了广泛的好感,他也被认为真正的企业家。王传福乐于分享财富的思想使他身边聚集了一批精英分子和他共同做大一份事业。王传福打造了一支非常高效的管理团队,创造了一个赢利能力惊人的企业。

谈起平分股权给管理层,王传福显得很平淡,他认为这是让比亚迪快速平稳发展的有效方法。王传福说:"一个企业就像一棵树,表面有花有果,但更需要健康的树干和树根,并知道如何汲取营养。上市实际上使比亚迪变成了一家完全透明的公司,可以让投资者看清所有的东西。比亚迪历史清楚,并不是一家突然冒出来的公司;股权结构合理、没有一股独大的危险;技术有专利,来源清楚;客户清晰,是人人皆知的国际级品牌。这些都保证了我们将继续枝繁叶茂。"

二、比亚迪突围

1. 围剿比亚迪

上世纪90年代初,充电电池市场几乎是日本厂商的天下,三洋、索尼、东芝、松下等制造商占据着全球近90%的市场。1995年,占据了大部分电池市场的日本宣布不再生产镍镉电池,因为镍镉作为重金属会污染环境。

日本公司的放弃低端市场,给了正在深化改革的中国人机会。结果几年之间风向一转,形势大变。

中国的比亚迪公司迅速崛起,凭借巨大的成本优势,比亚迪先后拿下中国台湾大霸、日本Nikko、飞利浦、伟易达(V-tech)等厂商的大额订单。此后比亚迪与摩托罗拉、诺基亚、爱立信以及国内新兴的波导、TCL、康佳、等手机厂商的合作更使得比亚迪一跃成为与三洋、索尼比肩的全球第三大电池供应商。而日系的东芝、松下,韩国的三星、LG等电池业务则日渐式微。

回顾此前,比亚迪与日本公司竞争的过程,毫无疑问争取摩托罗拉一役,是比亚迪全线胜出的关键。2000年底比亚迪终于成为第一个为摩托罗拉生产锂电子电池的中国厂商。摩托罗拉全球约30%至40%的手机电池业务全部转单交由比亚迪生产,这是以三洋、松下、索尼、东芝为首的日系厂商所面临的来自中国这个新兴对手的第一次真正难以承受的冲击,受伤最重的是松下和东芝,此前他们同是摩托罗拉的全球最大供应商。

紧接着爱立信也转单给了比亚迪,加上在摩托罗拉之前的飞利浦,比亚迪一跃而成为三洋之后全球第二大电池供应商，其所据有的15%的全球市场，使日系厂商订单急剧减少，导致其全自动生产线面临严重的产能不足，除三洋之外日系厂商电池产业全面亏损。

到2002年，比亚迪成为中国最大的二次充电电池生产商，同时在全球镍镉、镍氢和锂离子电池厂商中分别排名第二、三、四位。仅仅落后三洋、索尼，但是比亚迪不甘居于人下，似乎也要迅速超越它们。王传福甚至放出豪言："三年之内我们将取代三洋，成为电池产业的全球老大。"平时严肃的他，还特意幽默一下："如果要在三年之后取代三洋成为全球老大，比亚迪的增速应该在40%左右，而目前比亚迪始终保持了近70%的增长速度。"

面对如此真实的狂言，以三洋、索尼为首的日本电池公司怎会不感到阵阵寒风？怎会不集结重兵围剿比亚迪呢？

围剿比亚迪的战役由三洋打响了第一枪！

2002年9月23日，日本三洋电机株式会社旗下的Sanyo Energy（USA）Corporation向美国南加州地方法院起诉比亚迪及其美国公司比亚迪美国，指控其侵害了该公司的专利。三洋公司要求禁止美国进口和销售比亚迪公司的锂电池，并要求比亚迪赔偿损失。

2002年10月3日，比亚迪发布公告称，将积极抗辩。公告显示，三洋指出比亚迪及比亚迪美国侵犯了其两项专利"锂二次电池"及"确保保护性电路可靠性电芯"。其后比亚迪提出了反索偿。

其实，三洋是依据他们在美国注册的知识产权来起诉进口商的，如果比亚迪产品侵犯美国的知识产权，有关产品就会被禁止进入美国。主要表现在两个方面：一方面ITC会发出排除令，不允许侵权产品进入美国；另一方面，它还可以发布禁止令，规定已经进口到美国的产品不能销售。三洋正是试图通过这一工具阻止自己的竞争对手比亚迪的产品进入美国市场。

继全球第一大电池生产商日本三洋之后，2003年排行老二的索尼宣布，它已于7月9日向东京地方法院提交了诉讼请求，控告中国民营充电电池生产商比亚迪侵犯索尼公司锂离子电池专利权，要求禁止进口比亚迪生产的锂离子充电电池、停止在日本以销售及转让为目的的有关该产品的任何展示。

索尼指控比亚迪的锂离子电池，侵犯了其两项日本专利权。一项是"电池内部按平均容量设计一定空隙"（第2646657号）的专利，一项是"电池正负极涂敷物质的厚度及其比例"（第2701347号）的专利。索尼方面认为，上述两项专利是锂离子充电电池的基本专利。

其中索尼的第2646657号专利是经过近9年的审查，于1997年5月9日被授权的，在该专利被授权后，1998年2月20日起，汤浅集团株式会社、新神户电机株式会社、日立Maxcell株式会社三家日本公司曾对该专利提出异议，试图无效该专利。但最终并未能完全无效该专利，只是迫使索尼于2000年4月13日修改了自己主张的权利要求，将其保护范围缩小为现在的每1Ah设置0.4cc以上的空隙，并于2000年6月6日获得了特许厅的认可而维持了该专利有效。

7月10日。比亚迪方面表示，公司于日本设立的海外公司已收到相应的法律文件，但深圳总部至今未获任何通知。10月，比亚迪递交答辩书及相关证据38份，否认侵犯了索尼专利权。

针对索尼方面指控的侵权问题，比亚迪的回应是：比亚迪之锂离子电池工艺、技术均由自己开发，拥有强大的研究开发实力，绝无侵权之情况。

比亚迪对索尼此次提出的诉讼有些不解。比亚迪认为，比亚迪销往日本的电池以镍氢和镍镉电池为主，锂离子二次充电电池仍未在日本销售，2002年日本市场占集团总销售额的比例也相当小。按2002年比亚迪数据统计，海外销售只占总销售额的58%，而其中又以中国香港地区、美国、欧洲为主，日本及其他海外市场只占9%。

索尼方面亦表示，虽然目前比亚迪未在日本销售被指侵权的锂离子电池，但索尼在2002年10月举办的"CEATEC JAPAN 2002"展示会上，索尼对比亚迪在该展示会上展出的锂离子充电电池提出质疑。索尼经过调查后发现比亚迪展示了一系列涉嫌侵犯索尼专利技术的电池产品。

针对为何不在中国或美国提起诉讼的疑问，索尼表示这次提起的诉讼中牵涉到的专利权是索尼在日本持有的。索尼进一步表示在全球范围内，对确定为侵犯了索尼专利的行为，索尼保持采取相应的行动以保护其知识产权的权利。

为回应索尼的指控，比亚迪公司市场部经理邓国锐表示："我们不会侵犯别人的专利，像我们这样的企业，是不可能去依靠日本人的。比亚迪的生产工艺、生产技术和日本厂商完全不同，所有问题都是自己解决，并且拥有自己的专利，而目前比亚迪投入研发的费用约占销售额的2%—3%。"

据邓国锐介绍，此次事件对比亚迪公司目前的销售业务和计划都还没有影响，因为比亚迪目前还没有在日本市场销售锂离子电池。但比亚迪公司同时也认为，日本是一个很重要的市场，他们不会因此而放弃进军日本市场的努力。

比亚迪方面拒绝透露进军日本市场的详细信息，但公司方面表示：过去日本生产商大都采用本地的电池制造商，唯近年由于经济环境的转变，令生产商转向采用成本较低的供应商；由于比亚迪采用灵活结合内地大量廉价劳工的半自动生产模式，相对采用自动化生产工序的日本生产商，成本明显为低，得到日本生产商的青睐。"未来，公司亦拟进一步拓展日本市场。目前，我们与若干日本生产商进行磋商，进展顺利。"

比亚迪上市保荐人BNP百富勤近日的一份报告显示，索尼的主要客户康柏电脑（Compaq）的一家笔记本电脑代工生产商Arima，最近已选用了比亚迪作为其中一家电池供应商。业内人士猜测，这有可能成为此次官司的导火索。

2. 逼和三洋、胜诉索尼

早在 2002 年 9 月，三洋在美国加利福尼亚州南部美国地方法院向比亚迪提出法律诉讼，称比亚迪侵犯了其两项专利："锂二次电池"、"确保保护性电路可靠性的电芯"，并提出赔偿要求。但比亚迪公司在应诉之后就对三洋的索偿要求提出抗辩，并进一步向三洋提出了反索偿。

但在长时间的取证中，三洋虽费尽心机，但毫无实际性进展。在圣地亚哥法院的辩诉中，比亚迪律师团提供的 24 件证据和 8 篇专利对比文献所构成的证据链作出令人信服的辩驳，轻易推翻三洋向法院提交的对比亚迪的指控。

面对比亚迪的抗辩和反索赔，使得三洋不得已主动妥协，撤销其对比亚迪的侵权诉讼。2005 年年初，比亚迪和三洋双方签署正式和解协议。

2005 年 2 月，比亚迪股份有限公司发布公告称，该公司已经与日本三洋电机公司就两项锂离子电池专利的法律诉讼达成和解协议。两家公司将在 3 月底签订正式协议，三洋同意撤销有关两项锂离子电池专利的法律诉讼，比亚迪则撤销反索偿。在公告中，比亚迪公司董事会认为，和解符合比亚迪的最佳利益。和解协议不会对该公司造成任何重大不利影响，今后比亚迪公司将继续经营及发展其现有业务，包括生产锂离子电池。

相关人士透露：比亚迪将向三洋支付不高于 300 万美元的补偿，但补偿的具体情况和数额并未在公告中公布。比亚迪公司新闻发言人表示，该协议不会对比亚迪产生重大不利影响。

2003 年 8 月 26 日东京地方裁判所向比亚迪发出索尼的起诉状、口头辩论日期及答辩书催告状。接到催告状后，比亚迪组成了由知识产权及法律部经理黄章辉带头的四人组律师团。在短短 40 天时间里搜集整理相关证据 38 份，于 2003 年 10 月 8 日在日本东京地方裁判所递交答辩书及相关证据，否认侵犯索尼的专利权。

比亚迪知识产权与法律部经理黄章辉介绍说，一般应对专利侵权案的策略有两条：一是通过证据证明没有侵犯专利；二是提出该专利无效的申请。2003年10月到2004年3月几个月间，比亚迪一方面积极寻求证据在东京地方裁判所证明自己并没有侵犯索尼专利；另一方面，比亚迪暗自寻求证据力图证明索尼专利无效。黄章辉说："我们经过慎重讨论，决定再起用一个办法，就是把索尼的专利无效掉，这是日本《专利法》中规定的一个程序，如果可以把它专利无效掉的话，自然也就谈不到它告你侵权的问题了。"

在经过将近半年的证据收集后，比亚迪在2004年3月19日向日本特许厅（日本专利局）提起专利无效宣告请求，请求宣告索尼第2646657号和第2701347号专利无效。至此，比亚迪在这起侵权案中转守为攻。

索尼诉比亚迪侵犯的专利是在1997年5月9日向专利局申请的。能否在这场官司中胜出，就看能否取到在索尼申请的电池专利申请日之前，有相同或相近似的产品在市场上或公开出版物上销售或公开刊登的证据。

为了寻找1997年5月9日前与索尼所申请的电池专利产品相同或相近似的产品，比亚迪律师团在同行业中无数次地打听线索，无数次地寻找相关资料。他们开始在国内外来回奔波，只要一听说有线索和资料，他们就动身前去寻找。2004年初的一天，律师团到中国香港办理业务，得到某公司8年前采购的电池已经达到索尼申请的每1Ah设置0.4cc以上的空隙标准的信息。他们迫不及待赶到该公司，仔细地打听情况。当销售人员讲到8年前他们就销售过索尼申请专利范围内的系列产品时，一行人一阵激动，马上向销售人员说明自己的情况和来意，请求他们的帮助和支持。在该公司的热情帮助下，从代理销售的千千万万个产品所开具的发票中，找到了一张淡蓝色的发票，上面写着产品名称：＊＊＊电池，数量1200只，销售日期：1997年1月5日。比索尼申请专利的申请日1997年5月9日早了4个月零4天。也就是说，索尼申请的设计专利，在申请日前已在市场上公开销售。

为取得证据，比亚迪律师团始终就索尼1997年5月9日申请的专利公告的文本,经常与行业专家商谈和研究索尼的专利产品的结构和技术特征。从产品的发明技术特征来看,行业专家认为索尼的发明专利应属公开技术,因为90年代的电池市场上已经有索尼专利的技术特征的产品在广泛使用。

依据专家提供的线索,律师团继续奋战。为取得部分有力的证据资料,律师团与专利界的十几个朋友在原中国专利局的专利文献馆内一泡就是10多天。通过电脑对索尼专利和其他国家的几千项相同领域的发明专利进行了检索,从中调出600余项专利文献,又通过对比和筛选,将范围缩小到了60余项。经专家鉴定,选了其中时间在1997年5月9日之前,在创造性上足以宣告索尼发明专利无效的6篇对比文献。

律师团通过不懈努力,前后共收集到有效的证据材料124份,奠定了比亚迪官司胜出的基础。之后,律师团和专家还就已有证据能否宣告索尼发明专利无效进行了多场模拟辩论,为最终在法庭上争锋做好各方面的准备,不漏掉任何一个细节。在日本特许厅开庭审理的比亚迪诉索尼发明专利无效宣告案中,律师团围绕200余份辩论文件和证据材料所构成的证据链,以精彩的辩语和观点以及铁铮铮的事实和证据,使索尼一方无言以对。

2005年1月25日,日本特许厅裁定,索尼第2646657号专利无效。但官司并未就此结束。2005年3月2日,索尼向日本知识产权高等裁判所上诉,请求撤销日本特许厅的裁定,维持第2646657号专利有效。2005年11月7日,日本知识产权高等裁判所做出判决,驳回索尼的上诉请求,维持日本特许厅做出的宣告索尼第2646657号专利无效的裁定。12月2日,索尼向东京地方裁判所递交撤诉请求书,撤销所有对比亚迪的指控。比亚迪终于赢得这场官司。

"比亚迪此次胜诉说明中国企业在遇到知识产权案子时应积极应诉,维护自身的合法权益。"黄章辉表示,"目前我们发现有这样的案子:因为中国公司不应诉,外国公司在告其他进口商时,会莫名其妙地把中国公司也拉上。即便中国企业积极寻求和解，外国人都感觉你在做亏心事，而积极应诉并获胜，一可维护公司利益，二来可为中国企业争口气！"

3. 比亚迪突围

上世纪 90 年代以来，利用专利压制别国企业，成为跨国公司的惯技。正在谋求发展的中国企业，也屡屡遭受沉重打击。

例如 2001 年美国国际贸易委员会（United States International Trade Commission，简称 USITC）所发起的"337 调查"，20 多起调查中只有 1 起涉及到中国产品，2005 年则有 1/3 的案件涉及到中国产品，2006 年有一半的案件涉及到中国产品，2007 年也是将近一半。这让中国从 2002 年开始连续 6 年成为遭受美国 337 调查最多的涉案国。受 337 调查影响的行业和产品已经从机电类辐射至轻工、化工、生物、医疗器械等行业和产品。

所谓"337 调查"，是美国《关税法》第 337 条规定的独立于联邦法院系统的行政救济制度或者说准司法救济制度。该制度规定：进口行为若存在不正当竞争，且对美国国内相关产业造成实质性损害，USITC 可根据美国国内企业的申请进行调查。对违反"337 条款"输入美国的产品，US-ITC 可以发布命令进行扣押和没收。此举对出口国该行业的打击有可能是致命的。

日本企业也是如此。在日本有一篇影响很大的文章《战胜"中国制造"——日本企业的五张王牌》，此文认为专利战是日本的一大利器，可以用专利战来阻挡中国企业向世界市场挺进的脚步。

2002 年至 2003 年，日本电池巨头三洋和索尼相继向比亚迪发起专利战，意图围剿比亚迪，本以为会不战而屈人之兵。然而它们忘了一点，比亚迪不是普通的中国企业。的确是有很多中国企业在面对跨国公司的专利战中吃了窝囊的败仗。例如中国的 DVD 企业遭遇日立、松下、三菱电机、时代华纳、东芝、JVC6C 联盟以及 3C、1C 等跨国公司的联手专利战，损失惨重。

再如2002年，德国大众投诉奇瑞A11车型抄袭大众，尤其是抄袭大众西亚特底盘，最后奇瑞赔偿德国大众3000万马克。2003年，通用汽车指责奇瑞汽车公司侵犯专利。奇瑞汽车的QQ车型看起来酷似通用汽车的雪佛莱，除此以外，还怀疑奇瑞东方之子模仿了通用大宇美男爵轿车，构成侵犯专利。

中国企业面对外国公司的专利战时的软弱，反而助长了对方用专利封杀中国企业的心理。比亚迪愿意去面对，比亚迪必须去面对。

王传福说："比亚迪不怕专利战！"

比亚迪知识产权及法律部经理黄章辉说："如果我们不去应诉，日本公司就会认为中国公司好欺负。最近中国企业被告的越来越多，一部分原因也是因为以前不应诉。""比亚迪要给世界树立这样一个印象：中国公司会认真应对诉讼，并不软弱可欺！"

比亚迪不畏惧跨国公司的专利战，那么比亚迪的底气来自哪里？

作为一家技术密集型的国际化制造企业，比亚迪在技术研发创新方面投入巨大。对于IT零部件产业群，比亚迪在深圳成立比亚迪中央研究院，聚集一大批高学历人才专门进行电池技术、表面技术、液晶技术等相关领域的基础研究与技术创新。2003年比亚迪进入汽车行业后，便在上海建立比亚迪汽车研发中心，囤积3000余名汽车技术人才进行技术研究及创新，以保证其汽车的科技含量及产品性能。

据悉，自1999年以来，比亚迪在国内外申请的专利数以平均每年195%的速度增长。面对如此多的专利数量，比亚迪在2001年成立了知识产权与法律部，专门负责公司的专利申请、知识产权保护、知识产权纠纷处理等事务。该部门经理黄章辉介绍说，知识产权与法律部拥有一支专业高效的队伍负责比亚迪专利的申请、授权、维护等工作；在知识产权纠纷的维权方面，比亚迪在中国、美国、日本及欧洲均聘请有知识产权领域的专业律师及法律顾问，在必要的时候，比亚迪会整合其在全球的法律顾问资源进行知识产权维权。

比亚迪每年在专利维护方面的投入多达5000万元，对于专利发明人的奖励高达平均10000元每人次。比亚迪不惜重金进行知识产权保护，是因为比亚迪早已经认识到，在全球知识经济浪潮下，企业的知识产权就是企业的核心竞争力。

历时三年多的比亚迪与三洋和索尼的专利官司终于画上了句号，比亚迪逼和三洋，胜诉索尼，为中国企业争了一口气。王传福说："比亚迪与索尼战斗到底的行为更加重要，其意义甚至超越了胜利本身，我希望比亚迪的胜利可以给中国制造企业一些启示，要有战斗到底的勇气和信心。我们眼中没有所谓业界巨头，更没有畏惧，我们要用实力去保护属于自己的东西，谁也别打歪主意。"

黄章辉说："当一个公司提起诉讼时，其实并不意味着它很有胜诉的把握。在中国，大家一般认为原告很有道理才会起诉；在美国，实际上这只不过是一个商业机会，甚至是一种商业赌博。"正是因为认识到起诉的一方其实也是虚张声势，并没有必胜的把握，比亚迪才奋勇反击，最终取得了让中国企业振奋的胜利。

胜利让比亚迪积累了可贵的经验。

第五章

造车狂人入主秦川

突发奇想，转行造车，王传福顶住外界质疑的压力，彰显偏执狂的本色。从F2的出师不利到F3的一战成名，比亚迪成就造车狂人。

一、收购秦川

1. 消息一出股票下挫

创业七年以来,比亚迪在电池制造上走的一帆风顺。2002年7月,比亚迪成功在中国香港主板上市,王传福也第一次荣登《福布斯》大陆富豪排行榜。局面对比亚迪是如此有利,在外界看来,比亚迪应该继续全力发展电池主业,扩充实力最终与三洋一较高下。

但是喜好冒险的王传福却给世人爆出一个惊天大新闻:比亚迪要改行造汽车!

在经过仅仅三个月的火速谈判后,2003年1月23日,比亚迪公司对外宣布与西安秦川汽车有限责任公司正式签订了收购协议,比亚迪通过旗下的中国香港主板上市公司比亚迪股份收购秦川汽车77%股权,比亚迪正式控股秦川汽车公司,而王传福则成为秦川汽车有限公司的新任董事长。

按照协议,比亚迪出资2.695亿元人民币(约合2.54亿港元)收购秦川汽车77%的股权。收购之后的股权结构,秦川汽车公司将占全部股权的13%,另一股东陕西电力投资公司占10%的股权。

在收购秦川汽车协议签订的前夕,王传福在企业内部召开了一个征求意见的股东会,参会的20多位股东没有人对比亚迪进入汽车产业提出异议。可能大家习惯了王传福的说一不二,王传福是天才的战略家,他的看法总是对的。

在企业内部同意意见后,本着对投资人负责的理念,王传福将比亚迪准备注资控股秦川汽车的消息通知了持有比亚迪股份的几家基金。结果,与比亚迪股东的一致赞同相反，有关的投资人一致希望王传福撤销入主秦川汽车的决定。

直到协议签订前几天，仍然有中国香港地区的基金经理给王传福打劝阻电话，他们认为比亚迪一直是做电池的企业，贸然进入汽车领域可能会遭遇惨败。有的基金经理甚至威胁王传福，如果不听劝阻执意收购，那么他们就将抛售比亚迪的股票。那天下午，比亚迪高层正在开会，中国香港一位国际大基金的经理打电话给王传福，他直接在电话里对王传福大声说道："王总，我们就是要抛你的股票，抛死为止。"声音大得几乎在座的人都能听到。大家马上意识到公司股票即将发生剧烈波动了，会场气氛顷刻间变得紧张和凝重起来。

王传福一贯是个雷厉风行的技术冒险家，他没有理会投资人的劝阻。他看准了机会，现在只需要把机会抓住。

2003年1月23日，比亚迪宣布完成收购计划，中国香港的投资人怒了，这一天比亚迪的股票下挫了四块多，跌幅超过21%，成交金额近3.6亿元，几乎创比亚迪上市以来最高成交纪录。

投资人要给"不听话"的王传福一点颜色看看，1月24日一开市，比亚迪就迎来基金机构"洗仓"，股价从18港元急跌至14.45港元。两天内公司市值蒸发近27亿港元且后续跌幅加剧，最低达12.5港元。夏治冰回忆此事，觉得有点像噩梦，他说："跨入汽车产业时，我们在中国香港的股市跌了9块多钱，一个基金公司的经理打电话给我，要抛售比亚迪公司的股份，让我做好心理准备。"在这次抛售风潮中，唯一让比亚迪王传福觉得欣慰的是持有比亚迪10%股份的美资基金（The Capital Group）按兵不动，并未抛售比亚迪股票。

面对股价的急跌，王传福连忙召开基金分析员电话会议，下午又匆忙与传媒召开电话会议，向外界解释此次收购的真实意图和实际意义。同时，比亚迪的承销商百富勤也展开斡旋，但所有这些并没有能够马上阻挡股价的继续下跌。局势真是有失控的趋势，比亚迪已经在悬崖边上了，夏治冰回忆："虽然公司进军轿车业的决心并未动摇，但是看得出王总承受了很大的压力，如果是我恐怕早就崩溃了。"

王传福是坚强的，他甚至坚强到了偏执。正像英特尔公司前任 CEO 安迪·格鲁夫特说的"只有偏执狂才能生存"，王传福就是偏执狂。此后不久，王传福赶到中国香港，就此次收购回答记者提问时公开表示："我想干这件事是坚定不移的，而且我相信一定可以做成，此举对于比亚迪企业价值的提高，也是必然的。"

外界实在无法理解王传福的疯狂举动，此前毫无汽车制造经验的比亚迪公司，竟然在谈判不足 3 个月的情况下就火速收购了业绩极为差劲的西安秦川汽车公司。王传福到底想干什么？

王传福向外界解释自己的想法："做电动汽车是比亚迪进入汽车业的初衷。中国目前的汽车保有量虽少，但对能源、环保的压力已经很大。当今世界上大大小小的战争无不包含对能源的企图，比亚迪做电动汽车就是要让中国三峡大坝的水都变成油，让中国所有城市的天空都像西藏一样蓝。"

王传福认为，电动汽车、混合电动车及驱动电池拥有庞大的增长潜力，必然在未来取代传统汽车。而收购秦川汽车有助于公司开发电动汽车用的充电电池，能够将比亚迪制造电池的技术有效利用。

虽然王传福很执著，但是投资人还是半信半疑，电动汽车当然是未来的趋势，可是毕竟目前是不现实的。此时投入要冒非常高的风险，比亚迪行吗？

此次收购之后，比亚迪占秦川汽车 77% 的股份，胃口大开的王传福还意犹未尽。2004 年 2 月 20 日，比亚迪秘密增持股份，与陕西投资集团公司和北方秦川机械订立收购协议，以 5250 万人民币（约合 4952 万港元）的价格再次收购比亚迪汽车 15% 的股权，比亚迪公司对比亚迪汽车的股本权益由 77% 上升到 92%，此次收购是在秘密状况下进行的，外界很少知道。然后 2005 年 7 月比亚迪完成对部分外持股权的第二次收购。至此，比亚迪股份有限公司的股权已由原来的92%增加到99%，基本已经将秦川汽车公司牢牢控制了。

2. 造车的理由

王传福是狂人，但绝不是蠢人，他做这么大的企业决策肯定是有详细周密的分析与谋划的，那么王传福到底在想些什么？

也许王传福的一段话能够解释这个疑问。王传福曾说："企业就如生命体一样，经受不住一项业务衰落和另一项业务兴起之间的一个时间间隔。它们在核心产业衰退之前必须毫不迟延地创造新业务。"

从王传福的话可以看出，比亚迪的电池制造遇到了瓶颈，王传福希望突破瓶颈，因此在王传福看来，汽车业恰恰就是比亚迪未来所依靠的新业务。

在国内电池制造业，王传福应该算是较早的吃螃蟹的人之一，比亚迪能够成功部分原因在于王传福在别人之前看到了机会，然后通过自己的努力抓住了机会。但是随着比亚迪名声的传播，必然会让其他的投资者看到电池业潜藏的机会，于是纷纷投资，不断成立新的电池公司来抢夺比亚迪的市场份额。

比亚迪能够竞争过索尼等日本电池企业，一是靠过硬的技术，二是靠低廉的成本。对中国其他的电池企业来说，完全可以复制比亚迪的模式，然后再与比亚迪竞争。就算不把比亚迪击败，也会让比亚迪大受损失。在王传福看来电池制造业的进入门槛太低，自己成功之后，很容易引来其他投资者同自己竞争。一时间电池领域涌现了一百多家公司，互相竞争，使得电池领域过度竞争，利润不断下降。几年来，充电电池每年的价格均有10%的下调幅度。

正是因为比亚迪的电池制造已经遇到销售天花板，很难再有大的突破，所以深谋远虑的王传福必须筹划公司的转型。比亚迪手中拥有12.4亿人民币的现金，这笔大额的资金处于闲置状态，比亚迪的电池业已经不需要更大的投入了。那么王传福必须为这些闲置资金找到一个投资领域，否则只能是浪费资源。在种种原因的决定下，比亚迪必须拓展业务，比亚迪必须谋求转型！

当时比亚迪面临的一种选择是可以全面转向手机领域，比亚迪可以尝试拥有自主品牌的手机。但是由于比亚迪电池的客户是摩托罗拉、诺基亚等手机制造商，所以如果比亚迪全面进入手机行业，那么比亚迪电池的销售必然会受到极大的冲击。权衡之下，最终王传福选择了汽车制造业。

其实比亚迪选择改行造汽车，还是有一个行业背景的。在整个2003年中国盛行一股外行造车风，比亚迪控股秦川只是这股"造车热"中比较引人注目的一个。2003年，汽车业的丰厚利润在制造业激发起一股强烈的"造车冲动"，家电业、手机业、烟草业等行业的巨额资本像潮水一般涌入汽车业，所有人都想在汽车市场分到一块蛋糕。

2003年8月份，美的空调与昆明高新区招商局签署协议，美的5年内将总投入20亿元人民币，对云南客车厂、云南客车改装厂等企业进行改造，准备打造"云南美的汽车工业城"。此后，美的又积极与湖南的三湘客车进行接触，10月份，又与三湘客车达成协议，开始接管这家企业。一年之内，美的梅开二度，准备在汽车界大展拳脚，成为家电业进军汽车风头最劲的一家企业。

2003年10月，奥克斯集团出资5000万元，收购沈阳双马汽车95%的股权。奥克斯成功拥有了越野车和拖拉机等车种的生产牌照。11月，奥克斯生产的第一款汽车——"朗杰"SUV在沈阳下线。

12月，顾雏军在扬州宣布，格林柯尔出资4.17亿元人民币收购亚星客车67.67%的股份，格林柯尔正式进军汽车业。顾雏军宣称，他入主亚星并不是为了买个壳，而是要扎下心来做汽车，要用3到5年时间把亚星客车打造成中国客车行业的旗舰。

2003年还传出消息，波导将和浙江省政府合作，投入30亿元进入汽车业。五粮液准备涉足汽车外观模具。同时在前几年转型货车制造的云南红塔集团，在这一年开始涉足轿车生产。

那么为什么大家不约而同进入汽车行业呢？显然是由于丰厚的利润，所谓"天下熙熙皆为利来"。

根据国家统计局的数据，2002年前10个月汽车工业所属的交通运输设备制造业盈亏相抵后实现利润总额352亿元，同比增长64.6%；新增利润138亿元，对全部工业企业利润增长的贡献率为22.5%，位居各大工业行业之首。在汽车行业经济效益大幅增长的直接拉动下，整个工业企业效益出现转折性变化。与此同时，汽车对国家税收的贡献也大大增强。2002年，仅汽车工业增值税和销售税及附加两项税收就达262亿元，同比增长27.5%，大大高于全部工业税收增长11.5%的水平。汽车工业缴纳的税收已占工业企业税金的5%，新增税收的贡献更达到了11.2%。

2002年，汽车行业非但没有在入世冲击中艰难求生，反而增长迅速。中国汽车工业协会的统计结果显示：2002年，全国汽车产量达325.12万辆，同比增长38.49%；销售完成324.81万辆，同比增长36.65%。

因为"爆发性增长"，2002年被命名为汽车行业的"井喷之年"。自然而然，进入2003年，汽车行业吸引了众多热钱的涌入。大家不约而同产生出强烈的"造车冲动"，因此可以说，2003年是不折不扣的"造车年"。但是很快这些资本几乎都从汽车业败退，只有比亚迪获得了成功。王传福的加入造车大军并不是跟风，王传福是"独裁者"，他有他独特的想法。

汽车制造业是什么？按照王传福的说法："汽车业是一个做了100多年的传统产业，传统产业其实就是一个低科技产业。"不愧是技术狂人，王传福这句话，鲜明表现了他对通用、福特、丰田等老牌汽车公司技术垄断的藐视。他认为手机业才是真正的高科技产业，"手机里面的零部件才是高科技，LPC、摄像头、LCD、精密塑胶，那个比汽车的难度要大得多。"那么既然比亚迪在手机零部件行业里可以叱咤风云，区区造车又何惧之有呢？

在体育界有句话叫做"一通百通"，是说在某个项目做得好的人，转到别的项目也非常容易上手。比亚迪正是这样，在电池业，在手机零部件制造业，比亚迪已经有了多年的积累，可以说已经通了，那么当它转向汽车制造业的时候也会很快上手。所以王传福其实一点都不怕横亘在比亚迪之前的技术关。王传福怎么会怕呢？他自己就是技术出身，对他而言，学习汽车理论知识简直是小菜一碟。就像一个数学系博士改行学习计算机，用不了两年，他就会非常厉害，甚至有时候会超过计算机系的尖子。

王传福敢于改行造车，自然是因为他明白这个道理，因此他没有像那些贸然进入汽车行业的其他公司一样，匆匆而来，匆匆而去。王传福信心百倍，另外他手里还握有一张王牌。也正是因为手上有这张牌，王传福才敢在对造车业一无所知的情况下，高调进入。

众所周知，石油资源会在21世纪枯竭，接下来人类必须使用各种替代能源，这其中主要就是电池，尤其是太阳能电池。比亚迪就是制造电池起家的，在电池制造领域有深厚的积累，那如果几年之内比亚迪能够开发出高效的车用电池，那么比亚迪就将抢先占领市场。而且实际上外国汽车公司最主要的技术优势就在汽车发动机上，一旦全世界的汽车都使用电池，那么外国汽车公司上百年的技术垄断也就一夜之间被打破。

为此，王传福必须提前进入汽车行业，熟悉汽车制造，同时等待比亚迪的工程师尽快开发出高效的车用电池，然后二者一整合，比亚迪登上世界汽车制造业新的王者霸主地位。王传福认为，未来3年依靠电池产业比亚迪就可保持高速的业绩增加，而比亚迪收购秦川汽车实为未来5–10年甚至更长时期的盈利作打算，电动汽车项目将决定比亚迪的未来。

王传福的算盘就是这样打的，虽然有些地方实现起来有困难，但是他坚信这是一条明路。可以轻轻松松实现跨越式发展，迅速把民族汽车制造业的大旗插上世界之巅。这绝对不是神话，这依靠的是技术，技术改变世界。

3. 为什么选择秦川

王传福后来说，收购秦川汽车的念头据称来源于一次偶然的机会，自己与上海朋友的闲聊。当时王传福的朋友无意中提到了秦川汽车正在寻求买家。王传福一听，当即断定这是个机会：手机肯定不能做了——不能和下游企业竞争；家电也不能做了——竞争太激烈；房地产也不能做了——门槛很低。王传福的逻辑很简单：要找一个玩家少一点的、门槛高一点的、竞争程度相对低一点的行业进入。"想来想去，只有汽车，现在是进入的最佳时机。"

综合各方面考虑之后，比亚迪最终选择收购秦川汽车公司。在成功收购西安秦川汽车后，比亚迪一举成为继吉利之后的第二家民营轿车企业。

西安秦川汽车是国家批准的西北地区唯一一家轿车生产企业，其在西北工业中的地位不容忽视。秦川汽车项目始于1985年。1997年，为加速秦川汽车的发展，组建了省部合作企业秦川汽车公司，从此公司走上了健康发展的轨道。2001年年初，公司已投入7.2亿元完成了生产线建设和新车型开发工作。到2002年底，公司已完成了"四大工艺"生产线建设，具备了5万辆的年生产能力。

秦川汽车出身军工行业，在中国早些年军工企业转型过程中，有四个企业得到了来自日本铃木的汽车制造技术，由此形成了中国大陆小型轿车领域之"四大奥拓"的格局，它们分别是：重庆长安奥拓、湖南江南奥拓、西安秦川奥拓与吉林江北奥拓。

只有秦川奥拓与长安奥拓取得了较好的发展，在1998－1999年间，两家主要的奥拓生产厂曾展开过一场竞争，以长安奥拓全面取胜结束。此后秦川公司推出自主研发的"福莱尔"轿车，并声称是"中国最便宜的轿车"，与长安奥拓、吉利汽车之间展开竞争。2001年以后，秦川福莱尔销售业绩有所增长，特别是得到了当地政府的支持，在西安出租车市场上占据了一定的份额。

但秦川由于出身老牌军工企业，资金问题始终困扰企业发展，即使在2002年福莱尔汽车取得了卖出17000辆车销售业绩的背景下，秦川汽车2002年的净利也仅有70多万元。2002年，秦川一直谋求与他人合作。上半年，吉利李书福曾一度进入秦川，但由于重组成本过大而最终放弃。2002年5月，在华晨发生产权变动之前，该公司董事长仰融曾以中国正通控股公司董事长名义造访秦川洽谈收购，当时，仰融计划由其下属公司申华控股的汽车产业资本投资公司——亚通控股与秦川合作成立汽车生产基地。最后由于辽宁省对于仰融问题的追查而导致此项收购最终流产。

最终比亚迪变成最大的黑马，仅仅谈判三个月就成功收购秦川。

比亚迪能够闪电战收购秦川汽车成功，关键还是比亚迪是真正做制造业的，这种诚意让秦川方面很感动。

当时为了深入了解比亚迪，秦川公司的四位老总一起来到深圳比亚迪总部参观。之前他们已经通过各种报道了解了比亚迪的成长奇迹。但是到比亚迪总部参观还是让他们从心理上受到冲击：比亚迪的办公环境用透明玻璃窗相隔全然透明；比亚迪员工在厂区内走路时全靠两边走成一条线，井然有序；公司每个基地都有大面积的足球场、篮球场、全塑胶的跑道，以及活动室、电影放映厅等等。夏治冰还特意带他们去参观了"明斯克号"航空母舰，并对他们说："希望未来大家能一起打造一个汽车业的明斯克航母。"

比亚迪做汽车的决心，让秦川方面感动。

当然这是一个双向选择的过程。不光是秦川选择比亚迪，也有比亚迪选择秦川的成分。在决定进入汽车业前，比亚迪曾考察了湖南和吉林的多家企业，但是最后还是选中了秦川。之所以并购秦川，王传福有几个考虑。

首先，秦川拥有轿车目录。轿车目录相当于国家发改委的轿车生产许可证。国家发改委每年都会发布几期车辆生产企业及产品目录。只有榜上有名才能够生产。有很多企业万事俱备，只欠东风，就是不能够获得这份目录，只能眼巴巴地看着其他企业分食汽车产业这块大蛋糕。例如吉利集团董事长李书福为了一张进入轿车门槛的"准生证"而数度奔走呼号。最后吉利造车的目录，竟然是通过收购四川某濒临倒闭的生产囚车的车厂才拿到的。李书福提到自己的这段经历总是苦涩一笑,李书福认为民营企业在中国受到太多的限制。

王传福也深知这一点。所以他果断地用 2.7 亿将秦川汽车收购下来,正是看中了秦川拥有轿车目录,比亚迪进入后就可以直接开始筹划生产,不用为获得国家发改委的许可而四处奔走。王传福后来回忆说:"自己当时之所以匆匆忙忙就收购秦川,就是看中了这张目录。机会不等人,如果当时不收购,现在想进就很难了。"

第二,秦川拥有先进的四大工艺。秦川汽车 2001 年引进了德国 DURR 公司设计制造的涂装生产线、西班牙 FAGOR 公司的全数控冲压生产线、日本狄原公司设计制造的车身冲压模具和焊装生产线及日本万岁公司的汽车整车检验线在内的整车厂所必备的"四大工艺"。拥有国际先进工艺水平、年产 5 万辆轿车的综合生产能力。虽然"秦川"只是一个 1997 年才开工的新丁,但是王传福认为"秦川"造的车是老百姓坐得起的车,争夺的是微型车市场,更加有利的一个现实是,国内的微型车市场还没有一个绝对领先者。

第三,秦川拥有的完全自主开发过福莱尔的 200 多名工程师和一套经验、技术,这是比亚迪需要的。福莱尔是秦川公司历时 1 年半,用实力打造出的具有完全知识产权的精品家轿。它的特点是:车身造型满足百姓求美求新的消费心理;具有同级轿车中最大的使用空间;科技含量高,安全可靠,具备高级轿车的装备水平;排放满足欧Ⅱ标准。秦川汽车的这些工程师能够打造出福莱尔,这就充分说明了他们的研发能力和攻关能力。这是崇尚技术、崇尚创新的王传福所格外看中的。

第四,秦川作为国有企业,在包括业绩考核、财务制度、风险控制等制度方面,有着过人的长处,甚至比亚迪还曾将其推广到自己的电池、手机企业中去。

当然秦川汽车也有显著的短板。而比亚迪自己,也拥有着作为国有企业的秦川不具有的优势:资金、管理理念、成本品质控制和盈利能力。两者结合，可以达到优劣互补。王传福认为，秦川汽车主要存在如下问题：一是宣传力度不够，收购后他们将转变销售观念，加大在品牌宣传上的投入；二是研发能力不足，今后，秦川汽车将在原有车型的基础上大规模研发新的产品。

　　随后，比亚迪开始将秦川的员工送到深圳的工厂进行培训，感受电池生产线的成熟管理理念，对久在国营企业的他们灌输民营企业的紧迫感。

二、比亚迪造车

1. 平稳过渡

比亚迪已经收购秦川了,接下来就是派人接手了。派谁去?派多少人?这都是问题。

比亚迪要给秦川的员工表示自己改行造汽车的诚意。

王传福在国家单位做过很多年,所以他很反感国企里面外行领导内行的怪现象。自己作为懂行的技术人员,结果在涉及到企业发展战略的时候居然无权说话。王传福对此深有体会,所以他收购秦川汽车后,极力避免给秦川员工留下外行领导内行的印象。自己虽然在电池制造上世界前三,但是毕竟不懂造汽车。对此,一向不服输的王传福还是有着清醒认识的。

为了不激起秦川汽车工程人员和工人的反感,王传福只派了三个人前往西安秦川,一个便是当时作为财务总监的夏治冰,一个是品质管理经理,一个是采购经理。秦川所有管理高层都没有变动。员工无一人被裁,而且比亚迪进驻之后便开始给员工全面加薪。当时仅千人左右的企业,如今已扩充到了6000多人。

夏治冰清楚记得,当时与秦川签完协议走出谈判室的时候,自己脱口说了一句"上帝保佑比亚迪!"他虽然很相信王总的判断,但是对能不能做好秦川汽车私底下还是很怀疑。现在自己被王总指派进驻秦川,真是得拼尽全力把秦川做好。

夏治冰刚被派往秦川的时候,为了能尽快融入秦川,让秦川的员工能从心底接受自己,从不吸烟的他也学会了吸烟,跟员工打成一片。但是后来，夏治冰又开始在从办公室到车间全面禁烟。秦川的办公区原来并没有限制员工吸烟，现在按照比亚迪的规定不能在办公区吸烟，秦川的员工们都遵守得很好。

这时候王传福也没闲着。王传福在西安收购秦川汽车后，生平第一次游览了秦始皇陵兵马俑。夏治冰后来评价说："1998年进入比亚迪以来，那是我唯一一次看到他去游玩休闲。"王传福不是一个风花雪月的人，他是个埋头苦干的奋斗者。他信奉奋斗，他的座右铭是"没有比人更高的山，没有比脚更远的路，只要灵魂不屈，就一定会走出一条康庄大道"。这是套用了诗人汪国真的两句诗。

王传福需要奋斗，需要从胜利走向新的胜利。他是电池研究专家，可是不懂汽车。收购秦川汽车后不久，在夏治冰的陪伴下，王传福到北京、西安买下了几箱子市场上所有能够见到的汽车类技术书籍。从此他开始疯狂补习，一本一本的研究。他每天只要一有时间就会阅读汽车工程方面的书籍，在飞机上的时间也不例外。

做研究出身的王传福也明白光靠书本知识是不行的，必须有实践经验。在上海的研发中心里，工程师们经常看到他们的王总满手油污、满头大汗地亲自拆卸汽车。

为了学懂汽车制造，王传福可以说一边动脑，一边动手。他是科学家出身，所以对搞科学搞技术很有心得。他不畏惧汽车制造中的技术难关，他曾说，中国这么多工程技术人才几十年下来居然就攻克不了汽车，真是非常可悲的一件事。王传福要改变这种现状，他每一天都在学习，几年下来，从最开始对汽车一窍不通，甚至连车都不会开，到后来真的成了对汽车制造比较精通的专家。

比亚迪汽车的总工程师廉玉波后来评价说："王总通过自学，基本达到了汽车专业本科生的水平，在汽车制造方面比较重要的著作，他基本都看过。"这就是王传福，他跟那些外行造车的人，例如"车疯子"李书福最大的不同就是王传福执著于技术，他面对技术难关总能从心底唤起科学研究的激情。王传福要攻克一切技术难关。

2003年1月,深圳比亚迪股份公司斥资2.7亿余元收购了西安秦川汽车77%的股份,3月28日,国家工商总局批准秦川汽车公司的更名申请,该公司正式更名为比亚迪汽车。

秦川汽车刚刚更名,业内就传出了比亚迪汽车公司管理层发生矛盾的传言。传言称比亚迪入主秦川以来70天花了700万元的广告费,引起秦川汽车很多元老的不满。而且,他们对比亚迪拟订的发展电动汽车目标颇不以为然,认为从目前国内的技术水平来看,这一目标很不现实。更重要的是,比亚迪表态将来有可能放弃秦川辛苦打造的品牌"佛莱尔",而这一品牌凝聚了老秦川人的心血。比亚迪轻易放弃福莱尔,怎能叫老秦川人心里不窝火?

比亚迪汽车公司新任命的总经理、原秦川汽车公司总经理刘振宇证明关于广告费的传言不假。"不会低于这个数目,"刘振宇在稍稍沉吟之后说,秦川汽车2002年全年广告费为600万元,而2003年的计划投入在3600万元左右。但到现在为止比亚迪尚未对这个新并购的公司进行现金注入,所有开支都来自占用的销售商的资金。据称,这笔钱留在秦川账上的大约有4000万元左右。

对于秦川与比亚迪在经营理念上的矛盾,王传福很坦然,他已经提前就意识到双方会有矛盾,因此他做了很多准备工作来缓和双方的矛盾。当然王传福并不是好好先生,为了事业的成功,在必要的时候他需要独裁,他回应说:"哪有什么矛盾?企业就只有一个声音,这个就像军队,错了也得执行。"

王传福需要一个平台,而秦川就是这么一个已经搭好的平台。"进入汽车行业,主要是为三年以后的比亚迪寻找一个迅速成长的平台",王传福坦言,从长远来说,收购秦川的意义在于建立一个汽车电池产业化的平台,同时抢占电动汽车市场的先机。但是他承认,至少在最近的三五年内,电动汽车不会给比亚迪带来任何利润,因此重心还将放在现有的传统汽车生产上。

因此，比亚迪在几年之内，不会对秦川汽车厂的原战略有大的改动。比亚迪需要在秦川的基础上介入中国的汽车制造业。原秦川汽车的生产线只有5万辆的产能，2002年佛莱尔在全国微车市场的占有率仅为2%，而且虽说号称全国市场，但实际除了西安本地，主要的销售网络也只在北京和成都两个城市。

比亚迪方面有自己的计划。王传福表示，从2003年到2004年，比亚迪汽车将陆续向市场推出四款新车。"现在不会放弃佛莱尔品牌，但以后我们有新的品种，也许就不用这个品牌。"王传福宣称，2003年比亚迪将推出4款在福莱尔平台上重新设计的新车型，排量为1.3升和1.6升，包括福莱尔加宽型、三厢福莱尔和一款福莱尔品牌的小MPV。这些新车型将于2003年10月份左右上市，价位仍然在5万至6万元左右。

其中，比亚迪目前配置东安DA462-1A发动机的福莱尔QCJ7081在2003年4月份已经投放市场，虽然排量只有0.87升，但其在稳定性和动力性等方面有了很大提高。配置山西淮海HH465Q-2E和柳州五菱LJ465Q-1ANE1发动机的福莱尔QCJ7110也于2003年5月份投放市场。这是福莱尔首次排量超过1.1升的车型，在做工和质量上都有了很大的提高。比亚迪一进入秦川，就突破了生产小排量汽车的生产限制。

王传福表示，他的眼光已经瞄准了2.0、2.4的轿车市场。微车的利润太薄了。他计划2004年比亚迪将有一款2.4升排量的全新车型供应市场。这款车4.8-5.0米长、1.8米宽、搭载三菱原厂发动机，售价将不超过10万元。王传福甚至放言，从2004年开始，比亚迪每个季度都会推出一款新车。

2. 生产研发多位一体

秦川只是王传福所需要的一个平台，王传福的目标显然更为远大，他要把秦川这个平台整合进他的更为宏大的计划中。

从接手秦川开始，比亚迪就着手收编整合，比亚迪将秦川的汽车产业分散融合到原有的十多个事业部中。例如汽车生产基地被整合为第十一事业部。北京、上海基地的汽车产业被分别整合到第十二、十三事业部。

同时比亚迪着手组建自己的研发、生产、销售多位一体的汽车产业体系。先后在西安开辟了占地上千亩的生产基地。在北京收购了北京吉驰汽车模具有限公司，在上海创建上海比亚迪工业园。王传福总结说："比亚迪汽车目前是四大部分，北京负责模具生产、上海进行技术研发、深圳负责销售、西安负责生产。"

比亚迪在收购秦川的同时，就开始打造自己的生产体系。比亚迪准备要在西安市建造一座设计年产30万辆的西部汽车城。经过多轮谈判，西安市蓝田县和西安高新技术开发区招商部门均免费向比亚迪汽车提供1300多亩土地，供其建设新的生产线和研发机构。

比亚迪在西安的这个生产基地，总投资将达5亿多元，届时秦川汽车的生产能力将会大大提高。2005年以前将完成初期规划，产能将达到15万辆，而长远规划则是30万辆。

比亚迪汽车公司总经理刘振宇认为，要在国内家用轿车市场上站住脚并成为一个具有竞争力的企业，年产量至少应该达到20万－30万辆，还得有四五个品种体系，一套完整的车身生产线。这就要求比亚迪必须要有自己的生产基地，光靠秦川原有的产业基础是不够的。"如果包括自己拥有研发、四大生产线的话，那这个规模起码要投资15亿－20亿。"

在建立西安生产基地的同时，比亚迪也着手在上海建立自己的研发中心。

秦川拥有200多名工程师，在比亚迪入主秦川以前，秦川公司就曾分期分批地派出人员到日本的汽车公司培训，并聘请国外专家到厂内进行具体技术指导，所以秦川在汽车制造方面是有一定实力的。但是王传福深知这还不够，王传福必须招兵买马，必须在重用秦川的原班人马之外，组建自己的团队。比亚迪正在物色人选。

王传福需要的是能够领导新车开发的领袖级人才。在几位行家的推荐下,王传福看中了一人。他就是后来成为比亚迪副总裁、总工程师的廉玉波。于是王传福专程飞赴上海,约见时任上海同济同捷科技股份有限公司总经理的廉玉波。

廉玉波,是江苏仪征人,生于1964年,比王传福大两岁。他大学学的是飞机制造,1986年大学毕业后,开始搞汽车。当时中国机械部和中国汽车技术研究中心联合搞6450、6600设计。他就从联合设计开始,一做就做了三年。

6450获得汽车行业的科技进步二等奖。1993年,他去了意大利搞汽车设计,回来以后在上汽集团工作。到2000年的时候,和同济大学的几个老师搞了同济同捷设计公司,廉玉波是常务副总经理,管整个研发工作。

2003年年底,王传福约廉玉波在上海金茂大厦谈了一个通宵。交谈中王传福激情四溢地讲着他为什么要造汽车,想怎么造汽车,比亚迪的造法和别人有什么不同。时任上海同济同捷科技股份有限公司总经理的廉玉波觉得面前这个四十多岁的安徽人和他所见过的众多民企"车疯子"很不一样。他问王传福:"你懂汽车吗?"王传福老实地回答:"我喜欢车,我看了上百本书。"

当时的王传福还不能说是一位地道的汽车"内行",但他以一个制造业行家的眼光分析认为,汽车绝对是中国人的产业。这固然是一个综合多学科的产品,但一百多年下来其中的大部分技术都已十分成熟,并非遥不可及。当提到日本人中国人造车都需要用人工造模具,两者的成本差距高达400%的时候,王传福显得更加兴奋:"在电池领域比亚迪仅用30%的成本优势就击败了索尼、三洋,汽车有400%的成本优势,我们没有理由打不倒国外企业。"

这种兴奋在廉玉波心中产生了共鸣。二十多年来,他没有机会为一汽、二汽、上汽造车,因为"他们请国外的做"。他愿意跟民营企业家合作,因为只有后者才敢想敢做敢投入。但是"国内的企业后端工程能力比较弱，设计一个东西给他，往往很难做得好。他做不好的时候，认为是你设计没做好，不是他车没做好"，廉玉波老是感觉到设计公司和企业之间存在着目标的落差，因为设计公司管不了后面的工程环节，民营企业期望值过高，很容易落下抱怨。而王传福的自信完全不同于以往外行造车所表现出的无知者无畏。

被王传福所表现出来的狂热的造车热情所打动，廉玉波最终决定加盟比亚迪，他希望亲手将自己的设计图变成能跑能卖的汽车产品。后来回忆与王传福一拍即合的风云际会，廉玉波说："03年年底时，因为比亚迪搞汽车，比亚迪总裁王传福邀请我加入，确实感觉到比亚迪是新兴企业，感觉王总对汽车的挚爱，对汽车的投入。包括他的思路，我认为他会成功，所以我加入了比亚迪。"

廉玉波欣然加盟比亚迪这个在汽车研发上一穷二白的公司，成为比亚迪汽车研发的负责人。廉玉波上任后，在上海招了几十个刚毕业的大学生，购置了一些设备，就组建起一个比亚迪在上海的研发中心。这就是比亚迪自己的第一股造车力量！

2004年4月，比亚迪汽车上海研发中心成立，这个研发中心设有20多个项目攻关组，分别从事着比亚迪系列轿车车身、汽车电子、安全装置及电动汽车等方面的研究和探索，半年内就成功申报100多项国家专利。随后，比亚迪成立了上海汽车工业园，不仅建立起构架齐全的汽车研发体系，还建造了第一个由国内民营汽车企业出资完成的高等级汽车检测中心。

廉玉波领衔的这个研发中心的工作，是从拆解研究汽车起步的。这也是国内实业界的通例，就是把外国原有产品，买过来进行细致的拆解研究，然后力图找到技术的诀窍。

据说当时公司一下子买了几十辆新车，从国产的经济型车，到纯进口的高档车都有，都交给技术人员拆解。当时年轻的工程师看到价值近百万的奔驰轿车谁都不忍心下手，王传福一看，二话不说，上去就用车钥匙在车身上划出好几道印子，让工程师们目瞪口呆。王传福说："任何人都是站在别人的肩膀上才能起步，我们不可能从零开始。"

在王传福看来，汽车产业是一个已经发展了100多年的传统产业，汽车上所用的技术，90%以上是共知技术，或称通用技术，而专利技术大约只占3%，而在专利技术中有很大一部分是外观的设计专利。而且按照国际专利法的通行规则，一项专利只有17年的保护期，过后就自动解密，所以比亚迪在技术上可以理直气壮地采取拿来主义，大胆地使用非专利技术，同时规避专利技术，这是后来者缩短开发周期的有效手段。

王传福说，我们是一个技术型的公司，我们拆车不光是要模仿造车，更重要的是要强化对于汽车技术的理解，要把这些技术掌握住。做一个产品和懂一个产品是完全不同的，在技术上讲究的是"Know – How"，就是每一个环节都知道如何去做。

生产部门、研发部门这在其他的汽车企业都是必不可少的。比亚迪转型造车，这些当然是必不可少的。但是比亚迪还做了其他很多汽车企业所不做的事情：比亚迪建立了自己的模具生产中心。

凭借以往IT零部件方面的经验，2003年，比亚迪收购秦川汽车几个月后做了一件很重要的事，就是收购了北汽集团下属的北京吉驰模具厂。这在几年后成了比亚迪汽车的一个很大亮点。

比亚迪在电子行业是有名的代工企业，和著名的富士康一样，都为诺基亚、摩托罗拉等代工生产手机零部件，在制造领域有非常丰富的经验，被媒体称为"制造业基因携带者"。别看手机和汽车一小一大，在外人看来两者相差十万八千里，但是在王传福看来，他们在制造上其实都差不多，手机有上百个零件，而汽车有上万个零部件，所用的材料不同，但是这些零部件都需要用模具来制造成形。在王传福看来，汽车发动机、变速箱都是通用的，只是模具变化了一下，也就是壳变了一下，就是一辆新车。

王传福认为，汽车与手机一样都是技术含量较高的组装行业，但和手机零部件模具相比，汽车模具对整个产品成本的影响力要多上数十倍。王传福曾到日本的汽车模具厂参观，日本工人们趴在生产线上打磨模具的场景让他感到震撼。比亚迪一直在跟日本的三洋、索尼竞争，了解中日之间的各项成本对比，王传福认识到如果比亚迪自己制造模具成本必然可以大为降低。王传福分析说："原来汽车模具中95%的工作要由人来完成。一辆汽车有一万多个零部件，这需要多少图纸、模具？这些工作在日本、德国要工程师来做，在中国也要工程师来做。所以人就是中国的优势。"王传福说算了这样一笔账，一吨模具，在日本要8万元，在中国仅需要2万元。这比从国外采购降低了70%的成本，而更为关键的是模具在汽车成本中大约占1/3。

所以王传福刚收购了秦川汽车之后，没有按一般的思路去做发动机，而是迅速收购了北汽集团的一家模具厂，成立了北京比亚迪模具有限公司，比亚迪公司后来包括F3在内的一系列新车的所有模具都是在这个公司开发的。夏治冰说，模具的自给自足真正让比亚迪尝到了甜头，不仅节省大量成本，而且在车型设计的过程中与模具厂可以随时沟通，使新车开发的流程更加通畅，也加快了开发的速度。

模具自给自足的好处不仅仅是成本的降低。"通常一个车的外型设计要分包给几个模具厂，很难做到在设计的过程中与模具厂进行时时沟通。此外，模具厂往往向规模不大的汽车企业要很高的模具开发费，一套模具经常要几百万、上千万，这些资金已经足以让比亚迪建起一座汽车厂了。"廉玉波对此深有体会："现在我们自己造模具，不但可以在车型设计的过程中与模具厂随时沟通，节省大量沟通成本，而且也控制了利润的外流。"

在收购吉驰模具后，比亚迪投入大量资金扩充厂房，购买国外的先进设备，并请日本专家进行技术指导。经过几年发展，北京比亚迪模具有限公司已经成长为中国国内最大模具制造中心之一。公司占地27万平方米，新建模具加工厂房27000平方米，技术中心4000平方米。北京比亚迪模具有限公司目前共有金属加工设备160台及铸造生产线1条。公司拥有一批模具制造经验丰富的高级专业人才和高级技工，目前共有职工600人，其中工程技术人员140人，技术工人350人。

北京比亚迪模具有限公司主要生产汽车大中型外覆盖件模具、内板件模具、冲压件检具、装焊卡具以及白车身试装、整车协调等技术服务。其模具制造系统已全面实现计算机辅助设计和计算机辅助制造（CAD/CAE/CAM），可以为用户提供从工装设计、制造、调试、出合格产品的全套服务。到2008年生产能力为120万工艺工时，年设计制造大中型模具700套，小型模具1100套，年生产总值约2亿元。

如今比亚迪北京模具中心已经成为比亚迪汽车在电动车之外，一个最大的亮点。不仅比亚迪自己的主打汽车F3、F6的所有模具来自这家企业。同时由于比亚迪模具的低价位，高品质，许多国外汽车巨头也请比亚迪设计模具。克莱斯勒、通用、福特、丰田的相当一部分模具从这里采购，并装船运往海外。

3. F2被毙

2003年1月，比亚迪毅然杀进汽车领域，却遭遇基金联手洗仓，一时之间比亚迪的股票有崩盘之势。为摆脱困境，王传福向基金经理们许诺，进入汽车"一年后带给公司3000万盈利，3万辆小车的产销量"。

从收购秦川的那天起，王传福心里就很清楚，福莱尔这款车难堪大用。2001年，秦川推出福莱尔家庭轿车，当年仅仅卖出2000辆。随后在2002年取得了1.8万辆的销售业绩，但是秦川汽车的净利也仅有70多万元，这种利润水平甚至不如一家小的公司。比亚迪接手后，显然很难在福莱尔身上找到突破口。为了兑现诺言，比亚迪必须自己开发新的车型。王传福随即决定通过自主开发在福莱尔的基础上推出一款新车，当时这款车的内部代号为316，正式名称是F2。

廉玉波领导的团队经过一年多夜以继日的奋战，比亚迪前后投资超过1亿元，终于在2004年年末研发出一款经济型轿车。这是一辆小车，比福莱尔大一些。比亚迪公司做的设计，请一家日本模具厂做的模具。

王传福听说新车研发成功极为兴奋，立即召集比亚迪在全国的经销商赶到上海对新车进行评审。让王传福极度沮丧的是，经销商对这款车非常失望，都说这款车造型难看，肯定打不开市场。

现在回想起2004年4月的那天，比亚迪汽车人还是有种"耻辱"的感觉。那天上海的天空灰蒙蒙的，让人有种说不出的沉闷。可来自全国各地的100多家比亚迪汽车经销商却感觉异常兴奋，其中多数是老东家秦川的经销商，秦川自主研发的福莱尔业绩一直很平庸。现在好不容易有了新产品，大家的预期自然很高，希望能给自己的生意带来大的转机。

在比亚迪上海研发中心空旷的大广场上，停放着寥寥几部新款轿车，颇为孤寂地等待着经销商们去试驾并评审。在大多数的经销商看来，这款车的性能还算说得过去，但是外观实在很不尽如人意，造型落伍，这就意味着即使上市也不会畅销。

天空终于下起了雨，现场沉闷的气氛也越来越难以舒展。怀揣巨款来订货的经销商，在看到车型后，一个个就像歇了气的皮球，沮丧之情溢于言表。有的经销商直截了当对在场的王传福说："王总，这款车你们不要上市了，否则会把你们的牌子砸了。"

在场的比亚迪公司人员都很失落夏治冰回忆说："当时大家都很沮丧，都没有说话，王总表面上还很平静，但他心里肯定比我们还难受。"

当天晚上，在公司的高层会议上，大家形成了一致的共识：进入汽车业必须慎重，在市场亮相跟在实验室不一样，如果消费者第一印象就不好，要改变看法就难了。

在会上王传福就作出了决定：将316这款车永远封存，重新开发一款车。当时在公司高层中有几个人表示反对，说那上亿的开发费不都打水漂了吗？王传福说，我们比亚迪做的第一款车，只能成功，不能失败。于是316就被枪毙了。王传福发誓说："做不好就不要出来见人。"就这样，投资上亿元的比亚迪第一款车还未上市就夭折了。

夏治冰坦言："中国人比较重视外型，买车还是看第一印象，如果第一眼打动不了人，别人就没兴趣进一步了解你了，这跟找女朋友一样。"

在铺天盖地的质疑声中依然信心满怀地进入汽车业以来，这是令比亚迪人感觉最为痛苦的一次决定。不仅因为巨额投资失利，还因为这次失败对经销商的信心打击巨大。王传福后来说："当时是他一个人下的决定。他考虑到既然经销商都很不看好这款车，如果强行上市，最后的损失可能是三四个亿。而如果现在停手，只损失了一个亿。"

总结这次失败的教训，王传福认为，比亚迪当时太急躁了，急于求成。一方面是为了谋求尽快突围，实现对基金经理们的"3000万盈利，3万辆小车的产销量"的承诺。王传福急于向外界证明自己。另一方面也是受到04年车市高潮来临的诱惑，希望能够赶上这波增长的势头。最终导致新车型推出得过于匆忙，难免失败的厄运。

316的被枪毙，让王传福身上的压力更大了。曾经的许诺无法兑现，曾经的理想很可能被埋葬在现实的大海中。"难道比亚迪改行造车真的错了吗？"一向强悍的王传福也不禁动摇，不禁在心里质问自己。经过一段时间的反思，王传福决定继续上路。

王传福深深觉得，失败不可怕，可怕的是失败之后信心被击垮。316的被枪毙，第一次让王传福尝到了失败的苦涩。但是他又一次满怀信心的上路了。他相信成功就在失败的后面。人不可能永远失败，既然失败是成功之母。比亚迪已经失败一次了，那么下一次就是成功。王传福坚信比亚迪改行造车一定会成功。比亚迪永不言败！

三、F3 一战成名

1. F3 火爆登场

2004年11月23日，第二届广州国际车展于琶洲的广州国际会议展览中心内举行。这是2004年中国汽车界最后一次大型国际汽车展。在六月刚刚结束的北京车展上，比亚迪已经推出了七款新车型，可惜没有引起太多的关注，而这一次，在广州车展，比亚迪F3引起了各方注意。

在广州车展上，刚刚进入了轿车行业的比亚迪公司推出了几款概念车：Hybrid-S混合动力轿车、ET四轮独立驱动概念车、以及大放异彩的F3。

车展期间比亚迪F3被丰田公司盯上了。怎么回事呢？原来F3的外形酷似丰田的经典车型"花冠"。丰田花冠是丰田公司一款经典车型，造型浑然一体，在简洁利落的外观线条包裹下，动感魅力呼之欲出。问世三十多年来，COROLLA花冠以高性能和高品质在全世界备受推崇。2000年，更以"最畅销汽车"称号载入《吉尼斯世界纪录》，2003年以2800万辆的成绩刷新了汽车单一品牌累计销量的世界纪录。

在广州车展的第一天，先后有多批佩戴丰田公司标徽的人来看F3，有的还带来了摄像机，仔细拍摄了F3车内外的各个细节，其中有一位名叫徐静的调查系主管详细询问比亚迪的工作人员很多技术问题。客观地说，比亚迪F3外形确实与丰田的花冠很有几分神似，但在外观造型上与花冠还是有明显区别的，比如前大灯，尾部造型，车身线条等，而且在车身和内饰的做工上也非常精致。

此事当即引起媒体热炒，有记者联系双方，比亚迪表示"不怕丰田找茬"，而丰田方面拒绝发表评论。业内人士担忧，比亚迪和丰田之间会不会重演奇瑞QQ和通用SPARK的历史？比亚迪会不会继吉利之后，成为丰田的第二个被告？比亚迪F3会不会还没上市，就遭到丰田围剿？

后来事实证明，丰田方面没有任何表示。比亚迪是有备而来，不怕丰田再打"专利牌"。一年之后的2005年12月，针对外界对比亚迪首款新车F3酷似丰田花冠、是否涉嫌窃用知识产权的质疑，王传福首次发表了看法。

王传福说："F3是吸收了大量日韩汽车工业的成熟经验，采用了大量的非专利技术打造而成的，因此不涉及任何知识产权纠纷。"同时他表示，比亚迪目前有五十多名知识产权法律专家，并在电池领域已经处理过和多家跨国公司的知识产权纠纷，积累了丰富的经验。"在电池领域我们打过很多知识产权官司，比亚迪每次都赢了，我们不会犯知识产权上的错误。"

与此同时王传福并不回避"复制、模仿"等说法，他也首次向外界透露了他的造车发展思路，他说："日韩汽车企业造车，都是一开始COPY（复制）、接下来做局部的CHANGE（改变）、然后积累到一定的阶段，才开始做全面的DESIGN（设计），最后都取得了成功。比亚迪也将吸取这些成功路径的经验。"王传福表示，比亚迪只会去模仿那些全球销售数千万辆的畅销车型。

2. F3下线

2005年4月16日，第一辆比亚迪F3终于下线西安。F3是一款B级车，比亚迪拥有50项自主知识产权。配备了1.6L排量的三菱4G18发动机，百公里耗油仅为5.5升。在安全方面，F3的各项安全指标均远远优于国家标准。还配备有人体工程学座椅、预紧式安全带、安全气囊和ABS等，将舒适与安全进行了完美结合。F3造型优美，线条流畅，做工精细，浑然一体且动感十足；内饰上，淡雅的色调给人的视觉效果相当不错，仪表台简洁而时尚。不难看出，选择在这个时机推出这款车，比亚迪是富于心机的：对经济和舒适的诉求将会是2006年家用轿车的主题。

在下线仪式上，比亚迪的首席设计师廉玉波骄傲地宣称："F3的设计堪称完美，可以和当前世界任何一款同级车相比。是我们比亚迪2000多名包扩日本汽车专家在内的汽车工程人员共同雕琢的成果，是比亚迪'借鉴日、韩等国汽车发展的成功道路和经验、大量吸收国际先进的非专利技术、消化吸收国际流行设计元素'的发展汽车产业思想指导下的产品结晶。"

比亚迪董事长王传福也说："我们虽然目前在汽车行业内还是一个名不见经传的品牌，但是我们是中国为数不多的国际化公司之一。F3只是比亚迪的一个开端，今后比亚迪将会有更多的车型面市，包括年底上市的F6。"

在F3下线的同时，比亚迪在西安20万辆年生产能力的新生产基地同时落成。至此，比亚迪已成功建成包括西安、上海、北京及深圳在内的生产、研发、模具、销售等四大基地。比亚迪打造的汽车王国已经初具规模。

F3在西安下线后，5月初在第11届上海国际车展上，从参展的32款新车中脱颖而出，和日产的恰达一同获得组委会颁发的新车大奖。本次车展新车大奖是由组委会组织网民评选的，共有23万人次参加了网上投票。这对比亚迪无疑是个让人激动的好消息。这预示着即将上市的F3很有可能会得到广大消费者的青睐。

在这次上海车展中，4月24日，也就是上车展开展第三天，中央财经委主任王春正、上海市副市长周禹鹏、西安市副市长杨广信等国家有关部委及省市领导一行人，来参观车展。事前并不知情的王主任一行走到比亚迪汽车的展台处，便被吸引而驻足不前。比亚迪汽车此次参展有4款车型6辆车，包括1辆福莱尔，2辆F3，2辆F6，1辆电动概念车。

最吸引各位领导目光的就是位于比亚迪展台前端的红色F3。为了能够让各位领导比较深入地了解这款刚刚在西安下线的新车型，比亚迪汽车特别安排现场工作人员向各位领导讲解这款车型。各位领导在听过比亚迪工作人员的讲解后，给予高度赞扬，并勉励比亚迪汽车继续努力奋斗，为民族汽车工业做出更大的贡献。比亚迪汽车销售公司总经理夏治冰还指引到场的各位领导参观了比亚迪参展的其他展车。

6月初，比亚迪F3在天津汽车检测中心进行检测。F3参加碰撞实验后的数据表明：F3的乘员头部的危险值指数为231，国家危险值标准指数为1000；腿部的危险值为1.4，国家危险值标准指数为10；由此可见，F3的安全指数大大优于国家的标准指数值。国家汽车检测中心专家分析说，F3在碰撞试验的数据表明该车型的安全系数高于国内绝大部分的同类别车型，已经达到了国际水准，和不少国际级汽车企业的产品安全性能不相上下。F3可谓一"撞"惊人。

对比亚迪来说，可谓喜讯不断。但毕竟F3还没上市，一切都还是悬空状态。如果不出意外，比亚迪的中级车将会在9月下旬上市。

对这款被业内称为"中国版花冠"的国产车型，比亚迪寄予了很大的期望。对比亚迪来说，这次如果不能取得突破，汽车业务再继续下去所遇到的困难与压力会越来越大。

比亚迪2004年年报显示，2004年比亚迪共销售汽车14818台，销售收入3.89亿元，比2003年减少23.6%。而2004年比亚迪汽车的资本开支是6亿元，银行借款急剧攀升，2004年底达到28亿元，净负债率从2003年的7%猛升至2004年的50%。此前一直宣称电池业务的收入足以支撑汽车运转的比亚迪，在庞大的资金投入压力下也不得不转向银行融资。

国内一家权威证券研究机构某分析师认为，汽车业务目前已经成为比亚迪发展的累赘，"从2003年以来，在汽车业务方面的累计投资额已达到15亿元左右，预计2005年业务亏损将有所扩大，全年亏损将达1亿元。公司目前不足2万辆的年产销规模根本达不到汽车行业盈亏平衡的要求。即使从长期来看，受资源所限，也很难在竞争激烈的汽车市场上获得一席之地。"

这些问题比亚迪当然看到了,比亚迪把宝押在 F3 身上。比亚迪公司新闻发言人表示,比亚迪基于对中级车市场的判断,认为中级车市场仍会有很好的增长,因此比亚迪从 2004 年就开始立项 F3,2005 年 4 月 16 日 F3 下线。"目前的竞争对手主要是颐达、伊兰特和花冠,在品质、配置和外形上向这些车看齐,但是价格要比这些车型低。"

F3 关系到比亚迪公司的未来,王传福非常慎重。在 5 月底比亚迪邀请媒体进行的一次试车时,出现试驾的 F3 在起动后天窗即掉落的现象,为此比亚迪进行了小小整改。在 F3 上市前的半年时间里,在比亚迪上海中央研究院的试车场里有一幕场景非常常见。在爬坡、鹅卵石、沙地等 8 种路况下,一辆 F3 孤独地跑着,十几名试车员轮换休息,但车却不能休息,直到最后被跑烂。这时,王传福再和技术人员去分析,F3 还存在哪些问题,如何改善。最后,在试车场的仓库里,跑烂的车竟然多达 40 多辆车。

从最初预计的七月,到最后的九月,F3 一而再、再而三地推迟上市时间,原因就在于王传福对 F3 的品质非常关注,王传福害怕走入一些新品牌仓促上市,业绩惨淡的前车之辙。

F3 的命运会怎么样?王传福在等待,比亚迪在等待,中国民族汽车工业也在等待。

3. F3 火爆上市

从 2005 年 4 月 F3 下线,比亚迪汽车销售公司总经理夏治冰就带着整个销售团队不断设计销售方案。耗时 5 个多月,没有经验的他们,最开始甚至曾提出过"全球同步"的建议。但都被王传福一一否决。后来,当"分时分站"这个充满新意的方案放到王传福的桌上时,他才眼睛一亮。

比亚迪的"分站分时"策略,颇有点"田忌赛马"的味道:首先在某个中等城市试水,选择竞争对手力量薄弱但又具有消费潜力,且在比亚迪的生产基地半径辐射范围内、物流成本可控的地方。对"新手"比亚迪来说，生产和销售力量都还比较有限。若以全国同步上市的方式推出，可能产量供应、广告推广效应、销售力量等都跟不上。五指成拳，才能形成强大的爆发力。那么就选择一个点吧。

山东济南，F3 的第一站！

2005 年 9 月，齐鲁秋季车展在济南国际会展中心拉开帷幕，在主办方打出的海报上，着重提到比亚迪公司的 F3 型车将在此首发。

9 月 21 日，F3 在山东济南首站发布的前一天，夏治冰一晚上失眠，他激动地等待着明天 F3 的发布。这一晚秋雨绵绵，好兆头在 22 日当天来临，不仅风住雨歇，明媚的阳光也在中午突然洒向大地。比亚迪的销售展厅里人头攒动。到晚上，捷报传来，当天的销售加上订单，一共超出了 2000 辆。

夏治冰心上的大石头轰然坠地，他马上打电话向人在深圳的王传福报告。王传福此时正在深圳总部开会，他走出会议室接电话，喜讯让他紧绷的心弦松开了。

后来王传福坦言，当时内心有着巨大压力。比亚迪本来预计 F3 在第一个月的销量只有 2000—3000 辆，"它是我们的第一款车，我们也没有任何参照系，客户和市场能否认可，我们也不知道。"

胜利终于来了，王传福和比亚迪为这一天已经整整奋斗了两年半。王传福显得很平静，没有举行任何庆贺仪式。那些曾经背弃他的基金经理们也回来了。多家证券公司在投资评级上把比亚迪股份重新列为"买入"级别。里昂证券分析师认为，比亚迪汽车业务订单强劲，这将是带动比亚迪股票上涨的一个巨大推动力。

那么为什么 F3 能够得到众多消费者的青睐呢？F3 动人之处颇多：外观漂亮大气、2.6 米的轴距，居然用上了双气囊、四轮碟刹、恒温空调等。在同级中级车中，已是独一无二的豪华配置。但对消费者来说，最有吸引力的是其优越的性价比，性能优越，同时价格低廉。

此次上市的 F3 有四种车型，不同配置的价格分别为：经济型 7.38 万元、舒适型7.98万元、豪华型8.98万元、旗舰型9.98万元。从2004年底透露出的10万－15万元，到2005年一直鼓吹的10万元中级车，比亚迪汽车在F3的定价上始终低价造势，最终以低于伊兰特等畅销中级车2万余元的价格正式上市。

其中基本型7.38万、舒适型7.98万的价格是在9月22日凌晨4点，王传福和夏治冰通话时确定下来的，此时距离F3宣布上市不到6个小时。用夏治冰的话说，F3的配置，按市场标准来看，应该定12万左右。但比亚迪摆出了一个市场新军的"低姿态"，"我们只把5－10万元的价格区间作为我们的目标市场。"

在业内人士眼里，这个定价非常"刁钻"：F3排量1.6升，价格跨越7.38万到9.98万元区间，明显低于凯越、伊兰特等10－12万元的价格范围，但又略高于吉利自由舰、奇瑞风云等6万元左右的价位。比亚迪等于是以中级轿车的配置、经济型轿车的价格插入了两个细分消费市场的空档。

经过在山东济南第一站的成功，王传福和比亚迪已经稳住了军心，接下来要做的就是，按部就班，一站一站把本职工作做好，积小胜为大胜。2005年12月14日，比亚迪F3在广州举行上市暨首批车主交车仪式。首批50位车主，经历了将近45天的漫长等待后，终于喜获新车。其中十几位车主现场参加了市内巡游活动。2006年3月17日，F3在上海上市。上市后三个月内，F3在上海地区每月的销量在800台左右，处于供不应求状态。

至此比亚迪上市正好半年，有媒体认为，F3已经打造出了自主品牌中级车型销售的"神话"了。在中级车领域，市场一直被合资品牌牢牢把持，其中新三样（凯越、伊兰特、福美来）是中级车型的佼佼者，也是自主品牌发展中级车型必须越过的"三座大山"。然而比亚迪汽车在2006年2月份的销量（包括F3和福莱尔）总和为4910，同比增长1133.7%；其中F3车型销量3448辆，首度超过新三样中的福美来的销量3010辆。这是一个让业内震惊的销售业绩。

随后的统计数据表明，2006年一季度，F3夺得了"三冠王"：全国产量增幅冠军（1045.04%）、销量增幅冠军（877.91%）、国内单一车型中级家庭轿车的销量冠军（11213辆）。特别是单一车型销量第一的成绩可谓得来不易，这在自主品牌的轿车市场上是前所未有的。

2006年4月18日，比亚迪F3轿车正式在北京、内蒙地区上市。此时的比亚迪已经成竹在胸。夏治冰在发布会上坦言："2005年9月22日，比亚迪F3选择山东济南作为首发上市的城市，当时我的心情十分的忐忑不安，半年来，比亚迪F3在全国7个省销售了3万多辆。今天我们来进京'赶考'……3年前，我在北京见了不少媒体朋友，很多人表示对我们造汽车很担忧；3年后再到北京，我很有胆气！"

此后F3的销量一路狂飙，到2007年5月喜讯传来，比亚迪F3仅用了20个月，就销售突破了十万辆，成为最快突破十万辆的自主品牌汽车。在销售量直线飙升的同时，各种奖项也纷至沓来。2005年12月16日，湖南长沙车展开幕。当晚，由中国19家主流媒体评选的"2005中国年度汽车总评榜"颁奖典礼在长沙世界之窗举行。比亚迪F3一举夺得了颇具分量的"最具性价比车型"大奖。2006年1月18日晚，在腾讯网主办的"新势力-2005时代中国盛典"颁奖晚会上，比亚迪F3荣膺"2005年度自主品牌车型"。

比亚迪F3，终于实现了王传福的造车之梦。

第六章

决胜富士康

郭台铭 VS 王传福,江湖老手与后起之秀间的对决。争夺手机代工业务二人势成水火,富比之争一波三折,扣人心弦。鹿死谁手,其未可知。

一、进军手机代工业务

1. 进逼富士康

自2002年起,比亚迪开始涉足手机代工业务,主要从事手机模块及组件制造,以及提供手机组装服务。按照比亚迪内部的划分,这个部门合并为第三事业部。经过几年的发展,比亚迪在手机代工领域,除了手机芯片,比亚迪手机已发展出LCD、摄像头、模具加工、柔性电路板等几乎所有零部件业务,可以为诺基亚、摩托罗拉等客户提供完备的"一站式"服务。

据比亚迪股份的历年财务报表显示,2002年比亚迪在手机液晶屏的研发生产上投入了1.42亿元,到2003年底,比亚迪手机液晶屏已达到日产能15万件,并开始向国内外客户销售。

2003年比亚迪手机业务还处于萌芽阶段,手机液晶面板的收入不过9200.7万元,手机外壳的收入也不过7255.3万元,即便加上手机模具业务,手机业务总体收入也不过1.67亿元,占比亚迪集团销售总额还不到5%。

但接下来的一年比亚迪进入高速发展期,2004年比亚迪手机业务销售收入达9.93亿元,占比亚迪股份销售总额的14.7%。2005年达19.06亿元,占比亚迪股份销售总额的比例达29.3%,相比2004年增长103%。2006年更是达51.34亿元,占比亚迪股份销售总额的39.67%,比2005年增长了169%。而在国内手机厂家中排名第一、第二的中兴通讯手机业务收入在2006年也不过45.195亿元。因此从2003年进入手机代工领域开始，只用了三年时间，比亚迪就成为全球第二大手机代工制造商。

这种迅猛的增长势头2007年仍在延续，据比亚迪股份2007年上半年财报显示，其手机业务2007年上半年收入达31.68亿元，同比有51%的增长。

这种高速增长，自然与比亚迪产品的低价优质分不开。另外就是比亚迪的"大客户战略"，对此，比亚迪汽车公司总经理夏治冰认为，快速增长主要是因为从2005年开始接到手机巨头诺基亚的订单，并不断扩大。

比亚迪总是力图从大公司获得订单。从最初为国内一些手机厂商代工。到2006年，诺基亚将"手机机械部件解决方案"的15%外包给了比亚迪，同年比亚迪也打开了摩托罗拉的大门，摩托罗拉将3%的业务外包给比亚迪。

比亚迪的这种"大客户战略"也迎合了这些大公司的发展战略。诺基亚一直希望将比亚迪发展为其下一个主要的手机部件供应商，以更好地平衡目前的供应链。正如诺基亚一位内部人士所说的："发展更多的代工厂商不仅可以增强我们的话语权，同时也可以分担风险。过多依赖一家代工厂商，会让诺基亚面临风险。"

比亚迪手机代工业务的快速发展，却威胁到另一家代工企业富士康公司的利益。富士康的财报显示，2007年上半年，其收入从上年同期的43.8亿美元增至45.9亿美元。但在全球手机平均售价下跌、电子制造业竞争加剧等负面因素影响下，富士康2007年第一、二季度营业额和纯利率皆有所回落，增速远低于历史水平。

摩根大通在其发表的一份研究报告中将富士康的评级由"中性"降至"减持"。摩根大通指出，富士康在2008年将面对较大竞争，随着比亚迪位于印度及罗马尼亚手机代工厂于2009年投产，后者有望取得更多来自诺基亚的订单，从而影响富士康的增长。

摩根大通将富士康2007－2009年度盈利预测，分别调低9%、15%及18%，一年目标价仅17港元，远低于其现价，其建议投资者由富士康换筹至比亚迪。

　　比亚迪动了富士康的"奶酪",于是一场激烈纷呈、一波三折的富比之争就此上演。这是台海两岸两家代工企业之争,也是鸿海精密集团董事长郭台铭与比亚迪董事长王传福这两位"亚洲之星"之间的对决。

　　鸿海精密集团董事长郭台铭,1950年10月8日生于中国台湾,祖籍山西省泽州县。郭台铭家境贫寒,再加上是家中长子,因此非常早熟。1966年郭台铭进入中国台湾"中国海事专科学校"学习,靠半工半读完成学业。期间还服过兵役,1971中国台湾"中国海专"毕业,进入当时中国台湾前三大船务公司之一的复兴航运工作。

　　1973年2月,郭台铭出资10万元新台币,与朋友在台北县创立了鸿海塑料企业有限公司,生产塑料产品。不过一年时间,因经营不善,原股东逐一退出,企业成了郭台铭的全资公司。

　　当时黑白电视机刚刚在中国台湾地区兴起,郭台铭便从制造黑白电视机选台的按钮做起。这时的鸿海不过是个规模只有30万元新台币的小公司,仅有15名员工。1975年,郭台铭把公司更名为鸿海工业有限公司。1977年,公司开始扭亏为盈,郭台铭立即从日本购买设备建立模具厂,为日后发展奠定基础。其后他又陆续投资建立了电镀部门与冲压厂。

　　上世纪80年代,世界进入个人电脑时代,郭台铭靠所掌握的成熟模具技术,以连接器、机壳等产品为重心,力行"量大、低价"的竞争策略,迅速占领市场。1982年公司再度更名为"鸿海精密工业股份有限公司",郭继续投资1600万元进入计算机线缆装配领域。1985年,郭在美国成立分公司,开始在中国台湾之外开拓市场,并创出"FOXCONN(富士康)"品牌。至此,郭台铭已经成功打造出他的"连接器王国"。

　　2001美国《福布斯》(Forbes)"全球亿万富翁"排行榜上郭台铭位列第198名。2002年入选美国《商业周刊》评选的"亚洲之星",郭台铭获得这个荣誉正好比王传福早一年。

　　富士康企业集团是郭台铭于1988年在内地投资兴办的专业生产电脑

接插件、精密零组件、机内线缆、精密模具及电脑整机的高科技企业集团。至1999年底，富士康集团分别在深圳和昆山建成两大资讯科技工业园。

富士康与比亚迪可以说是同城兄弟，都位于中国改革开放之窗的深圳。郭台铭的鸿海精密工业股份有限公司位于深圳市宝安区龙华，约有员工27万人。其中在龙华有一个占地1平方英里的龙华科技园区，被视为郭台铭企业帝国的核心。这个生产基地四周均有高墙环绕，很少有外界人士能涉足。

事实上，富士康龙华基地已经变成了中国最大的出口企业，同时还是世界最大的电子产品合同生产商。苹果公司的iPod和iPhone、惠普公司的个人电脑、摩托罗拉的移动电话都在这里生产。在过去的10年里，鸿海精密的收入每年都以50%以上的速度增长。

两家公司同在深圳，低头不见抬头见。实际上王传福与郭台铭还有过多次接触，王传福最早一次见到郭台铭是在2002年。2002年12月，应郭台铭之邀，王传福和孙一藻等一行三人到中国台湾鸿海拜访他。郭台铭见王传福的目的是拿下一笔比亚迪的生意，成为其电池塑胶壳的供应商。那时的郭台铭绝没有想到日后比亚迪会成为富士康在内地令他头疼的竞争对手。随后是在王传福决意收购秦川汽车时，郭台铭想与其共同控股秦川，表达了对王传福决策的认同。

比亚迪从二次充电电池起家，2003年开始从手机电池切入手机零组件市场。从此，比亚迪的发展模式越来越像鸿海，步步进逼郭台铭。鸿海自行生产所有零组件进行垂直整合，比亚迪如法炮制；鸿海分拆手机业务部门富士康到中国香港上市，比亚迪也把手机部门分拆为比亚迪电子在中国香港挂牌；鸿海和富士康利用低价抢走竞争者的订单，比亚迪用更低的价格抢走富士康的订单；最后，甚至毫不客气地从富士康挖走四百名员工，挖走富士康好不容易培养出来的人才，更移植富士康的经营模式。

几年下来，郭台铭也对王传福"深恶痛绝"，王传福简直成了郭台铭最讨厌的人。两个人之间的矛盾，从暗战到爆发，成为一时间海峡两岸的热点。

其实客观来说，比亚迪实力远逊于富士康。富士康是全球最大的手机代工企业，年营业额达100亿美元，而比亚迪2006年营收额只有129亿人民币。两者显然不是一个重量级的企业，但富士康显然看到了一种趋势，自己的第一大客户，一年为他带来60亿美元的诺基亚正在依靠提高在亚洲的采购和生产比重压低成本，并积极培养富士康以外的供货商。摩根大通的分析人士认为，比亚迪就是诺基亚用来制衡富士康的棋子。

2. 比亚迪电子上市

2007年3月22日，比亚迪对外宣布，比亚迪公司准备将做手机模组及元件制造的第六事业部以比亚迪电子的名义分拆上市。

比亚迪预期此举将为集团其他业务提供直接的资金途径，供短至中期的扩充计划。比亚迪称，上市筹集的资金可以缓解比亚迪集团的即时资金需求，同时减轻集团的财务费用，减低负债水平，增加流动资金。事实上，自从进入汽车行业，尤其是全力开发电动车以来，比亚迪的资金链不如从前顺畅。2007年6月，为缓解自身压力，比亚迪就曾发行了7.5亿元人民币的短期融资券。比亚迪电子分拆上市目的也很明显，就是融资。

但是树欲静而风不止，2007年6月11日一纸诉状不期而至，郭台铭不会让王传福轻易闯过这关。郭台铭要在节骨眼上给王传福使点绊子。由于富士康的诉讼，比亚迪未能在规定的六个月内提交上市文件。

富士康的挑衅，并没有动摇王传福的战略步骤。王传福很坦然，他幽默地说："企业竞争就是这样嘛，在你要上市的时候，出来给你捣点乱。"王传福将比亚迪电子分拆上市的决心未改。

2007年9月27日，比亚迪再次提出上市申请，富士康则撤回在深圳的诉讼，再次在中国香港提出新诉讼，以相同指控索赔更为巨额的款项。

富士康就是要给比亚迪电子分拆上市设障碍。一心垄断市场的郭台铭是不会让竞争对手王传福舒舒服服上市成功的。

比亚迪2007年9月28日发布公告，因为申请批准在联交所主板上市及买卖已超过规定的六个月时间，但公司的分拆意愿始终如一，所以比亚迪电子（国际）有限公司（新的上市主体）于9月27日再次向联交所递交新的排期申请。11月30日举行的临时股东大会再次高票表决通过了分拆上市计划，尽管此举"将会构成本公司（比亚迪）与本公司主要附属公司的权益的重大摊薄"。

比亚迪电子的股权机构也进行了一些调整。比亚迪通过其全资子公司比亚迪（中国香港）有限公司下属的在英属处女群岛注册的GOLDEN LINK WORLDWIDE LTD。全资拥有比亚迪国际。不过由于比亚迪曾于2006年11月与35名参与人士及GOLDEN LINK就转让比亚迪电子股份而订立过一个馈赠契约。由于进一步推动重组计划，三方又于2007年8月30日签署了一份馈赠补充协议。

根据这份契约，比亚迪同意促使GOLDEN LINK将比亚迪国际合计9%的权益转让给由HSBC代表35名受益人拥有的全资附属公司GOLDEN DRANGONFLY。比亚迪预计重组后GOLDEN LINK，GOLDEN DRANGONFLY及公众将分别持有比亚迪国际67.35%、7.65%和25%的股份。

按照计划，2007年11月30日启动中国香港上市推介，预计于12月20日挂牌，计划发行3300万新股及2200万现有股份，融资8-10亿美元。比亚迪方面对外表示，比亚迪电子上市集资所得约35%将用作扩充手机部件及模块业务，约30%用作扩充生产塑料金属零部件所用模具的设计及制造产能，约15%用于扩充金属零部件设计及制造产能，约10%用作偿还银行借贷，余下则用作一般企业用途。比亚迪此前表示，比亚迪电子上市后，其所持股份将由此前的91%减至67.35%。

从比亚迪电子在中国香港举行的投资者推介会上透出的消息显示，比亚迪电子的招股价在10.75港元至14港元，较原计划的招股价下调了

15%。根据保荐人瑞银的报告,估计比亚迪电子2008年盈利为人民币16.6亿元计算,其2008年预测市盈率由原来的17至20倍,下降至13.6至17.7倍。

从2007年12月7日开始,比亚迪电子进行为期一周的公开认购。王传福在前一天出席视频会议与中国香港媒体会面时也就投资者担忧的一些问题回答了各方提问。

首先,对于近期的"比亚迪电子招股价下调"的消息,王传福表示,公司从来没有调低招股价,目前比亚迪招股价合理,是按市场及公司增长水平而确定。

其次,王传福也回应了富士康的指控,王传福称富士康是无中生有,比亚迪有信心胜诉,并且指出公司不会因指控而损失。

再次,王传福表示比亚迪大客户诺基亚没有减少订单,反而大幅增加订单,并强调比亚迪不会生产自有品牌手机,会专注于手机代工及手机零部件。由于目前诺基亚现占有比亚迪70%的订单,王传福也表示,将来将扩大客户基础,以减小风险。

另外,值得注意的是比亚迪电子此次IPO的唯一全球协调人是瑞银。

2002年比亚迪在中国香港上市,是由百富勤做的保荐,而这一次却换了瑞银。这是有原因的,2002年百富勤协助比亚迪上市是总经理蔡洪平经手的,也是蔡洪平陪着王传福全球路演。在这个过程中,两人合作相当愉快,建立了深厚的友谊。

蔡洪平1955年生于上海,由于遇上文革也经历了下乡插队的知青生活。1977年,蔡洪平获中国人民解放军海军学院新闻学学士学位,并开始从事记者职业。1988年,蔡洪平获复旦大学新闻学学士学位。

1987年至1991年,蔡洪平在上海市政府工业及运输管理委员会及上海石化工作,并参与了上海石化到中国香港和美国上市的全过程。此后的五年,作为国务院国家体改委中国企业海外上市指导小组成员之一及中国H股公司董事会秘书联席会议主席,蔡洪平对中国企业海外上市有了更多的接触和了解。

1997年，他加入百富勤投资银行，2001年，出任百富勤投资银行亚洲区联席主管，并屡建战功。2002年蔡洪平帮助比亚迪成功上市。在他的领导下百富勤亚洲投行业务从2003年始连续三年被FinanceAsia及IFR Asia评为最佳中型投资银行。

事业逐步发展的蔡洪平觉得百富勤还是限制了自己的才华，开始寻找更好的工作平台。

2006年3月底，时任巴黎百富勤投资银行亚洲区联席主管的蔡洪平转投瑞银集团，担任瑞银集团投资银行部中国区主席。

事因人变。王传福与蔡洪平良好的关系，决定了在蔡洪平转投瑞银之后，比亚迪电子的分拆上市就将由瑞银来协助完成。对于王传福这位老朋友，蔡洪平也真是送佛送到西，面对富士康公司凶猛的攻击，蔡洪平协助王传福完成各项上市准备工作。后来蔡洪平曾多次向人谈起在如何帮助比亚迪股份拆分比亚迪电子上市，如何与比亚迪并肩而战，共迎富士康凶狠的"反路演"，最终比亚迪电子成功上市的经历。显然为了比亚迪电子的这次分拆上市，蔡洪平付出了很多。

2007年12月20日，比亚迪电子在中国香港联交所主板挂牌上市，开盘价为10.74港元，未能守住10.75港元的发行价。公司前一日公布的招股结果显示，公开发售仅获得5594份有效申请，占预计发售股票的40.64%，比亚迪电子也成为当年中国香港市场上首只未能获得足额公开认购的新股。

比亚迪此次共发行5.5亿股上市（包括2.2亿股旧股），其中，90%国际配售，10%公开发售。国际配售中的8.9%将提供给比亚迪股东优先认购。虽然公开发售遇冷，仅获四成认购，意味着一般散户投资者认购比亚迪电子的中签率是百分之百，但是公司及时调整策略将公开发售中无人认购的剩股回拨给机构投资者。

比亚迪电子公告称，面向机构发售部分还是还是获得了超额认购。扣除包销佣金及发售开支后，估计比亚迪电子全球发售所得款项净额约为34.22亿港元。

王传福表示，机构投资者认购了股份总数的80%。虽然公司以招股价下限10.75元定价，令集资净额下降，但印度的厂房将如期在2008年6月投产。他还表示，公司没有就诉讼做出经费拨款。

二、一波三折富比之争

1. 富士康阻击比亚迪

2007年3月比亚迪发布公告,宣称正在筹备将手机代工业务分拆上市。这时候郭台铭出手了。他要终结比亚迪的高速发展。于是一场被媒体称为"富比之争"的两家制造业巨头的龙虎争霸,正式上演。

2007年6月12日,郭台铭的富士康集团旗下两家子公司——深圳富泰宏精密工业有限公司与鸿富锦精密工业(深圳)有限公司向中国香港高等法院提起诉讼:比亚迪在知情情况下,使用来自富士康的机密业务资料,建立了一个与富士康极度相似的手机生产系统,令公司损失了价值51.3亿元的合同。他们指出,比亚迪必须立即停止使用上述保密资料,交出因使用机密资料所获得的利润并赔偿富士康的损失。

在听证会上,富士康方面披露,2002年11月27日,为了洽谈合作项目,富士康集团大陆总部邀请比亚迪董事长王传福一行参观考察了富士康公司的手机工厂生产线,后来因故未能达成合作意向。同年,比亚迪着手建立第三事业部,开始代理加工手机零部件产品。

然而从2003年年初开始,比亚迪不断以各种手段利诱富士康的员工离职,跳槽到比亚迪工作,至今跳槽的人数已多达400余人,其中包括富士康花费几十万元派往欧洲培养的高级技术人才和高级管理人员。富士康还不断发现比亚迪的技术人员向富士康内部员工发送电子邮件,利诱他们跳槽到比亚迪工作,并承诺跳槽者均可获得优厚待遇。

富士康在诉讼状中强调,比亚迪的手机业务从无到有,从弱到强这种爆发式的增长十分不正常，而这个增长过程与富士康商业秘密文件（即系统文件）大量的流失，大量的员工跳槽，在时间上是相互吻合的。

而据中国台湾一家媒体透露，富士康之所以要控告比亚迪窃取商业机密，直接原因就是比亚迪挖走了富士康在日本的研发高级主管，并连带了一项关键技术，这是一种将任何金属粉末提高精度和密度的冶金提炼合成技术，不但能提高产量、降低损耗、防腐化和延长使用期限，而且还能降低成本。

富士康一位高层人士表示，公司之间的挖角原本无可厚非，但这次非同小可，因为比亚迪的挖角涉及公司的商业秘密。据该人士透露，比亚迪已经多次从富士康挖角，甚至成立了挖角办公室。

应该说富士康的某些指责也是实情。2003年，比亚迪进军手机代工业务，一时之间，人才供应不上，无奈之下只能从其他公司挖人。比亚迪从2003年开始挖富士康墙脚，2005年有多名高管转投比亚迪，到2008年据说一共有四百名富士康技术人员、管理人员，被挖到了比亚迪。郭台铭真是无比愤怒。

他认为，比亚迪作为一个靠手机电池起家的公司，几年时间迅速崛起，业务已覆盖了手机电池、液晶屏、键盘等除手机芯片之外几乎所有的手机零部件。仅2007年上半年，手机部件及组装业务就占比亚迪业绩的37%。显然比亚迪手机业务如此快速发展，与它不断从富士康挖人直接相关。

富士康实在是忍无可忍，于是对比亚迪提起诉讼。当然这其实并不是富士康第一次起诉比亚迪，在这次起诉之前，富士康对比亚迪有过一次起诉。

2006年8月31日，富士康向比亚迪股份有限公司及两名原富士康离职员工索赔7000万。被诉的这两名离职员工名为柳相军、司少青，是富士康科技集团旗下深圳富泰宏精密工业有限公司、鸿富锦精密工业（深圳）有限公司职员，两人于2006年跳槽至比亚迪股份有限公司。富士康以侵害商业技术秘密起诉这两名员工以及比亚迪公司，向上述被告索赔金额高达7000万元，要求法院判令比亚迪股份有限公司立即停止侵害商业技术秘密的不正当竞争行为。

这是富士康继起诉《第一财经日报》编委翁宝和记者王佑后爆出的另一起天价索赔案。2006年6月15日《第一财经日报》刊发了记者王佑采写的《富士康员工：机器罚你站12小时》的报道。鸿富锦公司起诉该报记者王佑和编委翁宝"侵犯名誉权"，索赔3000万元。

起诉比亚迪后第二天，富士康经过考虑将索赔金额从7000万降至500万。几天后公安机关释放了柳相军的内弟。柳相军的内弟在富士康工作，由于受到柳相军跳槽的影响，之前被富士康以泄漏公司机密为由扣押并交送公安机关。

这个案子断断续续审了一年，一直没有结果。到2007年6月，为了阻挡比亚迪电子分拆上市的步伐，富士康再次以相同的理由向中国香港高等法院提起诉讼：比亚迪在知情的情况下，使用来自富士康的机密业务资料，建立了一个与富士康极度相似的手机生产系统，令公司损失了价值51.3亿元的合同。

2007年10月5日，为了加速中国香港诉讼案裁决，富士康在撤销了中国香港的诉讼后的第四天再次以相同的理由递交诉状，并请求法院支持其650.7万元的赔偿要求。它减缓了比亚迪意欲在中国香港的上市进程，被认为严重动摇了投资人的信心。11月2日，正在积极准备将手机零部件等电子业务分拆独立上市的比亚迪向法院申请搁置有关诉讼，此举随即遭到富士康方面的强烈反对。

面对富士康的凶猛阻击，为了给比亚迪电子分拆上市"保驾护航"，比亚迪对外承诺，凡属比亚迪因诉讼"产生、导致或有关的所有负债、亏损、损害赔偿、成本及费用（如有），本公司拟向比亚迪国际及比亚迪电子有限公司等提供补偿保证"，同时此保证"只会于比亚迪国际上市后生效"。

2007年11月7日,深圳中院受理富士康、比亚迪的案子已有一年半的时间,虽然还未能给出任何说法,但随着富士康接连在中国香港提起诉讼,深圳中院的案子终于有了实质性突破。

2007年11月6日,最高人民法院委派北京九州世初知识产权司法鉴定中心在北京为"富士康诉比亚迪恶意侵犯其商业秘密案"进行司法鉴定,鉴定对象为柳相军、司少青等人在比亚迪办公电脑硬盘中的资料。

对于这套系统文件,双方各执一词。富士康称这套系统文件属于自己,被比亚迪盗取;比亚迪则称自己的文件是从公开渠道获得。因此,这套系统文件是否属于公知就成了鉴定的核心内容。

据担任该案主审法官的于春辉事后透露,这是国内唯一一个由中级人民法院受理,却由最高法院委托鉴定机构进行司法鉴定的案子。当天,最高人民检察院、公安部、国台办和国家知识产权局等部门代表悉数到场。

随着比亚迪电子上市日期的临近,双方也打起了"口水战"。2007年12月7日,由比亚迪电子公开招股,招股价介于每股10.75至14港元。王传福在前一天出席视频会议与中国香港媒体会面时指出,"富士康对比亚迪侵犯知识产权的诉讼,纯属无中生有",同时重申"是竞争对手太恐惧我们的增长所产生的行为……我非常有信心打赢这场官司"。王传福不怕富士康,几年前日本三洋、索尼分别起诉比亚迪,最后依然不能动比亚迪一丝一毫。

对于王传福的言论,富士康鸿海在第一时间重磅回击。富士康方面反驳道:

首先,鸿海指出,深圳中院在比亚迪公司的办公地点查扣了柳湘军和司少青(二人原本为富士康高级管理人员)在比亚迪办公使用的电脑硬盘内容,发现该硬盘中包括写有富士康文头的WORD版文件,有的文件上面有富士康公司的标志、标识,下面还有富士康相关主管人的签字。有的信件文件主要内容就是"如何到富士康挖人"。而目前涉案人员已被判刑,确定无疑。比亚迪何故会说此案"无中生有"?

其次，比亚迪上市前曾承诺，凡属比亚迪因诉讼"产生、导致或有关的所有负债、亏损、损害赔偿、成本及费用（如有），本公司拟向比亚迪国际及比亚迪电子有限公司等提供补偿保证"。如果已有足够的信心打赢此官司，又为何要求股东大会做此承诺？

再次，高盛曾发布通报称，富士康对比亚迪提出50亿元的巨额赔偿金，而比亚迪却没有为此可能存在败诉的风险作任何财务预提。诚信是维护股东权益投资人利益最基本的原则，而对于那些为比亚迪即将上市做出奉献的股东及对此内幕毫不知情的投资人，谁来为他们可能遭受的巨大风险承担责任？比亚迪诚信何在？

因此，富士康鸿海强烈呼吁，诚信是企业立业之本，希望比亚迪不要为了上市而恶意隐瞒鉴定结果，以免误导投资大众。

虽然富士康全力阻击，但是2007年12月20比亚迪电子还是成功在中国香港上市。而富比之争并没有因为比亚迪电子上市而停止。

2008年1月10日，在经过两个月前的司法鉴定后，"富比案"有了新的进展：最高人民法院委派的北京九州世初知识产权司法鉴定中心为"富士康诉比亚迪恶意侵犯其商业秘密案"的官方鉴定报告出炉。该鉴定报告认为，比亚迪使用的为数不少的文件与富士康非公开文件记载的信息整体构成相同。比亚迪在诉讼中提供的文件中超过60%带有非公知信息；被查获硬盘载有100多份属于富士康的文件，其中超过55%带有非公知信息。硬盘中发现比亚迪正在使用的两份文件，与其中一份原告在被查获硬盘中的非公知文件记载的信息相同。

对此，比亚迪方面驳诉认为，鉴定报告及相关附录的大部分乃富士康单方面呈交的，自己对此毫不知情。此外，对有关资料机密性质的断定，也不能作为判断比亚迪是否侵权的依据。

2008年2月26日，"富比案"再次在深圳中院低调开庭。当日焦点集中在对一个多月前，北京九州世初知识产权司法鉴定中心的鉴定结果上。比亚迪方面认为这个鉴定结果不公正。比亚迪方面称，深圳中院送交北京九州世初知识产权司法鉴定中心鉴定的电脑硬盘，所涉及的文件数目以及之前发布的官方鉴定报告所述文件数目比移送北京检测时多出17份。

因此比亚迪法律顾问对硬盘中资料的真实性和是否能作为证据提出质疑。他们认为，这块作为富士康指认比亚迪窃取其商业机密的重要证据之一的比亚迪硬盘，其数据很可能被篡改。以此为由比亚迪申请核查，案件审理也随之陷入僵局。

2. 夏佐全被拘

面对富士康的全力阻击，在瑞银与比亚迪的共同努力下，比亚迪电子分拆上市虽然没有预先设想的那么辉煌，最后还是成功了。这让郭台铭有些沮丧。于是富士康谋求把富比之争扩大化。

2008年3月14日，富士康发布公告，称当地公安机关在调查取证后发现，2007年11月进行司法鉴定的案子可能涉及犯罪，需要追究刑事责任。因此富士康公司撤销此前对比亚迪侵犯商业秘密的民事诉讼，同时将此案件在深圳法院申请刑事诉讼。富士康的发言人指出，有很多证据可以证明比亚迪对富士康有关知识产权的侵权，是有组织有计划的。因此基于上述认识，富士康公司再进行民事诉讼有些不妥，所以公司于近日进行了新的上诉。

富士康要把告比亚迪侵犯商业秘密由民事诉讼上升为刑事诉讼。

富士康在公告中称，深圳市公安局宝安分局经审查现有证据后，认为有犯罪事实需要追究刑事责任。公安局遂依法对比亚迪涉嫌进行单位刑事犯罪活动立案侦查。公告中同时说，作为直接负责人的比亚迪董事及其他职员可能因比亚迪的任何单位刑事犯罪活动而受到惩处，而王传福被拘押的可能性最大。

正好这段时间比亚迪董事长王传福正在美国进行商务会谈，据说深圳警方已经对他下了最后通牒，要求王传福在4月1日前回国，以便随时接受警方的问讯。富士康方面的人士甚至分析认为，假如王传福在警方限定日期内没有归国，深圳警方则很有可能采取强制措施将王传福引渡归国，而到了那时，比亚迪集团及王传福的命运恐怕就无法自己掌握了。

最后，不幸让富士康言中。2008年3月21日，比亚迪的副总裁、创始人之一的夏佐全被深圳公安机关逮捕，协助调查。这一突发事件，把本来波澜不惊的富比之争，引向了扣人心弦的地步。富士康方面大为振奋，认为是富士康公司反败为胜的好机会。

这真是一个惊天大新闻，严重程度仅次于半年多以后发生的国美董事长黄光裕被北京市公安机关逮捕的事件。夏佐全的被拘捕，让比亚迪非常难堪，幸好这个消息当时并没有公开，暂未对比亚迪造成任何影响。而且四天之后，夏佐全就被释放。

由于担心这件事还有可能闹大，比亚迪公司果断进行了处理。4月7日比亚迪发布公告称，比亚迪公司副总裁夏佐全先生由于个人原因，已于2006年12月15日辞任。他的辞呈于2008年3月20日获批准，并从3月20日起由执行董事调任为非执行董事。显然比亚迪想要暂时先疏远夏佐全与公司的关系，以防之后让他人找到口实。

但是夏佐全被拘捕的消息是掩盖不住的。2008年4月10日晚间富士康发布公告，得意洋洋地宣布，比亚迪公司副总裁、创始人之一的夏佐全已被深圳公安机关刑事拘留。

同时，富士康公布了另一与侵权案相关案件的进展。公安局对涉及侵犯富士康科技集团商业秘密案件的前比亚迪员工柳相军和司少青分别进行调查。两名前富士康全资附属公司富泰宏的雇员离职后，均获得比亚迪聘用并任职高管。基于公安局调查结果，柳相军和司少青被深圳市宝安区人民检察院及深圳市龙岗区人民检察院分别控以侵犯富士康科技集团商业秘密罪。

深圳宝安法院发现，柳相军通过指示鸿富锦精密工业前雇员后受聘于比亚迪的张健，自富泰宏另一名前雇员王维处取得富士康科技集团的数份文档，从而非法取得属于富士康科技集团的商业秘密。司少青也在受聘于富泰宏期间违反对富泰宏的保密责任，自富泰宏之处所带出了若干档案，用于比亚迪同类档案的编撰制定。

深圳宝安法院参考了中国科学技术部知识产权事务中心就柳相军取得的文件作出的鉴定结论，同时也参考了北京九州岛世初知识产权司法鉴定中心，从柳相军在比亚迪办公室的计算机中取得的被查获硬盘中的文档作出的鉴定结论。经过当庭质证，深圳宝安法院认可了两份鉴定结论的合法性及可靠性，并接纳了被鉴定的文件载有非公知信息及可对拥有该信息者带来经济利益的结论。

2008年3月31日，柳相军被深圳市宝安区人民法院判决侵犯富士康科技集团商业秘密罪名成立，判处有期徒刑四年。2008年3月24日，司少青被深圳市龙岗区人民法院判决侵犯富士康科技集团商业秘密罪名成立，判处之刑罚包括有期徒刑一年零四个月。

富士康公告全文如下：

中国单位犯罪刑事调查

公安局根据《中华人民共和国刑事诉讼法》规定，在认为有犯罪事实需要而追究比亚迪法团（单位）刑事责任，并于2008年3月12日立案（案件编号［2008］02670）后，本公司于2008年3月19日，获公安局通知；公安局已就中国单位犯罪刑事调查对夏佐全（「夏氏」）发出一项拘留令（拘留令编号：深公宝（2008）01656号）。本公司又于2008年3月21日接获通知，公安局已于同年3月20日拘留夏氏。根据比亚迪公布的资料显示，夏氏不仅是比亚迪创办人之一，更因负责全集团的一般营运，自2002年6月11日起为比亚迪主席外的唯一执行董事，而据比亚迪2008年4月7日延迟的公布显示，夏氏已于2008年3月20日因个人因素辞退执行董事及副总裁职务。

中国刑事定罪

除中国单位犯罪刑事调查的进度外，公安局亦曾就侵犯富士康科技集团商业秘密之罪行，对柳相军（「柳氏」）及司少青（「司氏」）的行为分别进行调查。柳氏及司氏均为本公司的全资附属公司并为新诉讼原告之一的深圳富泰宏精密工业有限公司（「富泰宏」）之前僱员。柳氏及司氏在富泰宏离职后，均获得比亚迪聘用：柳氏为比亚迪的IT产业群体主管兼海外商务部经理，司氏为比亚迪的系统管理办公室主管。基于公安局调查结果，柳氏及司氏被深圳市宝安区人民检察院及深圳市龙岗区人民检察院分别控以侵犯富士康科技集团商业秘密罪。

于2008年3月31日，柳氏被深圳市宝安区人民法院（「深圳宝安法院」）判决侵犯富士康科技集团商业秘密罪名成立，判处之刑罚包括有期徒刑四年。其中深圳宝安法院发现，柳氏透过指示鸿富士康（深圳）有限公司（本公司母公司旗下之附属公司并为新诉讼的原告之一）前僱员并之后受聘于比亚迪的张健，自富泰宏另一名前僱员王维处取得富士康科技集团的数份文件，从而非法取得属于富士康科技集团的商业秘密。

在裁判过程中，深圳宝安法院参考了中国科学技术部知识产权事务中心就柳氏取得的文件作出的鉴定结论。深圳宝安法院亦参考了北京九州世初知识产权司法鉴定中心就包括从柳氏在其比亚迪办公室的电脑中取得的被查获硬盘中的文件作出的鉴定结论。经过当庭质证，深圳宝安法院认可了两份鉴定结论的合法性及可靠性，并接纳了被鉴定的文件载有非公知信息及可对拥有该信息者带来经济利益的结论。

于2008年3月24日，司氏亦被深圳市龙岗区人民法院（「深圳龙岗法院」）判决侵犯富士康科技集团商业秘密罪名成立，判处之刑罚包括有期徒刑一年零四个月。其中深圳龙岗法院发现，司氏在受聘于富泰宏期间违反对富泰宏的保密责任，自富泰宏之处所带出了若干文件，用于比亚迪同类文件的编撰制定。

在裁判过程中，深圳龙岗法院参考了中国科学技术部知识产权事务中心就司氏取得的文件作出的鉴定结论。经过当庭质证，深圳龙岗法院认可了该份鉴定结论的合法性及可靠性，并接纳了被鉴定的文件载有非公知信息、可对拥有该信息者带来经济利益及具有可应用性的结论。

承董事会命
主席兼行政总裁
陈伟良
中国香港　二零零八年四月十日

2008年4月11日晚上，比亚迪股份有限公司发布公告称，3月20日被警方拘留的比亚迪创始人夏佐全，已在拘留后的第4天因证据不足被释放；而另外两名分别获刑一年零4个月及4年的员工，在定罪前已与公司解除劳动关系，属于个人犯罪，与比亚迪无关。并且两人任职期间也非公司高层。

比亚迪的公告全文如下：

本公司谨此证清，夏佐全先生于二零零八年三月二十一日至二十四日被深圳公安局拘留，只因协助调查，且由于缺乏证据，夏先生已于二零零八年三月二十四日获深圳公安局释放。根据本公司中国法律顾问的意见，按照有关中国刑事程序法律，一名人士在中国被公安局正式逮捕前，会被拘留调查，而该人士只会在被正式逮捕后始会被中国检察院起诉。此外，被深圳中国人民法院定罪的柳相军先生及司少青先生为本公司前雇员。其与本公司的雇佣关系已于其被定罪前终止，且彼等任职本公司期间均非高级管理层成员。彼等是个人被定罪，故本集团无需因其被定罪而负责。董事相信，本集团整体业务、营运或财务状况，不会因任何上述事件而受重大不利影响。

同时比亚迪方面辩护说，夏佐全任职比亚迪执行董事及副总裁期间，负责法律及审查部门、电脑中心工作，监管集团一般营运，但从未参与日常业务运作、生产及销售分部及研发部门的工作。

虽然比亚迪公司全力去抵御由于夏佐全被拘捕带了的负面影响，4月11日在富士康公布了夏佐全被捕的消息后，比亚迪股价现跌9.53%，报13.1元，成交金额3,811万元。比亚迪电子也急挫8.37%，报9.31元，成交金额1,268万。

在夏佐全被拘的消息传出后，甚至还传出比亚迪总裁王传福也可能被捕的消息，后来证明这是谣言，真是山雨欲来风满楼。有业内人士认为，"富比案"的判决结果，可能关系手机代工"后起之秀"比亚迪电子的生死。

那么，富士康与比亚迪到底谁会笑到最后？

3. 富比案逆转

2008年12月2日晚间，中国香港上市的比亚迪发布公告，披露了富比案半年来的新进展。比亚迪公布的进展包括以下三个方面，原文如下：

一，近日，本公司收到公安局出具的《撤销案件决定书》，因案件证据发生重大变化，公安机关撤消了对本公司的刑事调查。为案件进行司法鉴定的北京九州世初知识产权司法鉴定中心有关负责人赵军、陈勇及刘付兴，因涉嫌帮助毁灭、伪造证据和收受贿赂，已经被公安机关执行逮捕。

二，原比亚迪员工张朝正，涉嫌非法接受富士康贿赂，为富士康非法窃取本公司保密文件，目前其已被公安机关逮捕，由检察机关控罪并追究刑事责任。

三，本公司非执行董事夏佐全收到公安机关出具的《解除取保候审决定书》，据此，公安机关基于案件证据发生重大变化终止了对夏先生的所有调查。

比亚迪公布的三条新进展使得整个富比案出现了逆转。比亚迪称得上是绝地反击。此前，比亚迪一直是案件的被告，从双方长达两年半的历次交锋来看，比亚迪几乎总是处于被动防守的局面。这一次终于"反咬一口"，给了富士康一个下马威。

在整个富比案中，公安机关从比亚迪公司查封的一些电脑内资料是否构成证据成为了关键，双方对此有不同看法。北京九州世初知识产权司法鉴定中心在2008年1月对这些证据进行了鉴定。正是由于这一次鉴定，使得整个案件的进展急速突然朝向不利比亚迪的方向发展。

而比亚迪就是在这里找到了突破口。揭发出为案件进行司法鉴定的北京九州世初知识产权司法鉴定中心有关负责人赵军、陈勇及刘付兴，涉嫌帮助毁灭、伪造证据和收受贿赂，而行贿的显然就是富士康公司了。

如此一来，证据发生了重大变化，所以相关部门对比亚迪的调查几乎一笔勾销，包括撤销对比亚迪公司的刑事调查，终止对夏佐全的所有调查。到此时，这个被称为"中国高科技领域知识产权第一案"的富比之争，看来离结案不远了。

王传福再一次立于不败之地。

第七章

逆市上扬

在金融海啸中全球汽车业危机四起,比亚迪却如一匹黑马逆市上扬,令业界惊叹。而"股神"巴菲特的入股,无疑成为当时比亚迪最好的广告和注脚。

一、比亚迪造电动车

1. 2025 世界第一

王传福是个低调的人，这也正是理工科的出身的人的共性，不喜欢侃侃而谈，每一天都是在埋头工作，苦干实干。但是有一天低调的王传福突然喊出了狂话：比亚迪要在2015年成为全国第一汽车企业，在2025年成为全世界第一！

此言一出，波澜顿起。听到王传福这句话的人第一是感到震惊，第二就是感觉难以置信。于是媒体纷纷把"狂人"这顶帽子扣到王传福的头上。不错，王传福确实是狂人，但是他狂的有底气。

乍一看，王传福的口号，有点像大跃进时期，中国的钢铁产量"三年超英赶美"的宣传。那时候从领导到基层，大伙都是非常有激情。然而时过境迁，这成了一个笑柄。那么王传福的"全球第一"的呼喊，会不会在若干年后，也成为一个笑柄呢？

王传福坚信自己一定会成功，他说："我们中国人落后欧美日本太久了，现在领先一下，还有点不习惯。"王传福就是要让中国人习惯于领先。

王传福有自己的逻辑。2003年比亚迪收购秦川汽车，2005年F3成为最快突破十万辆大关的国产汽车。但是王传福的目标是打造电动车。在比亚迪电动车技术成熟之前，王传福总是保持低调。

终于王传福在2007年打破了低调，喊出了这句在他心中已经酝酿多年的狂人狂语。"比亚迪要在2015年成为全国第一汽车企业，在2025年成为全世界第一！"

如果王传福成功了，历史一定会记住这一天：2007年8月9日。

2007年8月9日，在社会各界的瞩目下，比亚迪汽车在深圳隆重举行比亚迪汽车深圳现代化生产基地落成暨中高级轿车F6下线仪式。比亚迪汽车深圳坪山基地的落成及中高级轿车F6的成功下线，改写了深圳没有轿车工业的历史，是深圳汽车工业史上具有划时代意义的大事。据夏治冰说，选择这一天是因为正好是789，暗含步步高升之意。

当天比亚迪公司邀请了众多贵宾，包括国家发改委、商务部、中国银行、建设银行、工商银行、广东省、深圳市等部委的有关领导，以及全国各地的记者，比亚迪汽车国内外的经销商代表等等。

王传福作了长达一个小时的主题演讲。王传福说："在未来相当长一段时期内，比亚迪两大产业将坚持速度、研发、人才、规模并重的发展原则，在巩固IT及电子零部件产业全球领先的基础上，着力打造比亚迪汽车的核心竞争力，我们的目标是2015年，也就是比亚迪成立20周年我们要做到"中国第一"的汽车生产企业，2025年成为"全球第一"的汽车生产企业，这将是比亚迪人矢志不渝的产业目标。"

王传福开篇就抛出这个"全球第一"的狂论，当时座位上的贵宾们没有鼓掌，大家真是还没有从王传福这句话中回过味来："中国第一"是什么概念，"全球第一"又是什么概念？

接下来王传福激情洋溢地回顾了比亚迪坪山基地的建设过程。他说："在比亚迪汽车深圳坪山基地建设上，有一组数据我要告诉大家：1年前，比亚迪汽车深圳坪山基地还是一片山林，仅仅329天后，我们以每天挖掉1座山的速度，将30多座山头夷为平地，挖出土石方750万立方米，填平了120多个鱼塘，处理5处果园，建成各类建筑物112万平方米，建成自有发电厂和16栋生产厂房，启用自主研发的汽车冲压设备360项、调试自主研发的汽车焊接设备825项、安装自主研发的汽车涂装设备656项、整合自主研发的汽车总装设备412项，同时引进上百台套世界领先的整车制造和检测设备，基本具备了年产10万辆整车的能力。"

同时王传福指出："F6的顺利下线也使比亚迪汽车的产品线更加丰富，同时10月份容纳13000人的汽车研发中心将建成并投入使用，这只是我们一期工程。比亚迪汽车深圳坪山基地初步总投入43亿元。这里将会是中国汽车一个崭新的亮点！将是比亚迪整个集团新的象征。这些数字是比亚迪人用心去拼来的，是比亚迪人用自己的勤奋拼来的，这些使比亚迪汽车在与时间和市场的赛跑中走在了前列，如果说二十年前的深圳速度是中国经济腾飞的基石，我坚信今天我们比亚迪人创造新的深圳速度将加速中国汽车工业的裂变。"

接着王传福分析了自己为什么敢讲2025年在比亚迪成立三十周年的时候，比亚迪实现全球第一的目标。他认为自己手上握有核武器。这就是电动车。

王传福说："比亚迪明年推出这款混合动力车，后年推出一项纯电动商品车E6。大概2009年6月份在坪山基地上市，这款电动车充一次电可以走400公里，有200千瓦的动力，价格在15万以内，百公里的能耗15度电，几块钱就可以的，这就是比亚迪的核武器，这个产品可以改变世界，可以把油价打下来。我们到今天才发布，平时我们没有说，我们是非常低调的企业，我们一定制定好以后再发布。我们以这款产品提升比亚迪的品牌，这是非常值得期待的产品，这个产品明年在坪山下线，后年上市。"

那么为什么电动车可以实现中国汽车大国梦呢？就是因为电动车一出现，汽车制造中核心的发动机，变速箱等部件就被淘汰了。

王传福说："中国的发动机和我们对手有很大很大的差距，有10年以上的差距。在驱动上中国人有很大的差距，但混合电动车、未来的纯电动车把瓶颈全部打掉。不是说要需要很多复杂的技术吗？我不用，我自己全部搞定，这就是电动企业，我不用你的电子技术，你的设备对我来说是一堆废铁。势能驱动是什么？对机电产品来说需要多少投资啊！对电动车来说一根马达线搞定，不用你的技术。混合电动车纯电技术，这里的核心是电池，中国人有电池啊，我们是全球最领先的。世界上能做电池的又能做车也就是比亚迪了，我们有信心把电动车、混合电力车做好，让中国在世界中占一席之地，而这块一席之地不是小的，是很大一块地，我们已经规划了很大铁电池的生产，我们也规划了一平方公里专门做铁电池，做我们最核心的产品，这就是我们电动车的战略、汽车的战略，这就是我们敢在2025年拿'世界冠军'来回报祖国、回报人民。"

王传福的讲话当然是激情洋溢，那么会不会成为新版的"大炼钢铁"呢？那么，对此外界是怎么看的呢？王传福说出这话后，媒体基本上都没有大肆渲染，大家对王传福的狂言都是持怀疑态度。在一些论坛网站上，甚至有网友讥笑王传福是"自欺欺人"。

面对外界的质疑，王传福的副手夏治冰辩解道："看大家怎么看待这个问题，当时我们讲这个话不是信口胡来的，而是经过一定的分析。我们王总裁讲这句话社会上有很多反映，跟我们当初刚进入汽车行业有点像，大家有担心的，有怀疑的，甚至有冷笑的，各种反应都有，很正常。"

"因为我们有过一个把一个小产品或者把一个产业从零做到全球第一、第二名的经验，我们知道这个产业发展的经验，我们具备了。我们这个企业是在95年创立的，用了十年的时间，我们已经达到全球排名第一、第二、第三的市场份额的水平。我们当时创立的时候就十几个人，现在全公司已经有十万人。我们的镍氢镍镉电池排名全球第一，锂电池全球排名第二，用十年时间打造世界第一并不是不可能，我们在另外一个领域做到过，这种信心我们是有的，我们有过把这个产业打造成功的经验。"

夏治冰说："汽车领域里面也是一样，汽车也是传统的制造业，为什么大家认为中国企业或者中国的品牌不可能打造成世界的第一呢？跟以往的经验有关系，以往中国的自主品牌没有什么太多的耀眼表现，大家信心有点不足，同时外资品牌老是给我们灌输中国人不能干汽车，汽车有多难多难，中国人对汽车行业的贡献是零，他们经常给我们灌输这种思想上的障碍，给中国汽车人设置一个思想的障碍，给中国汽车产业催眠，给中国汽车产业进行产业恐吓，觉得我们不可能成长出世界冠军来。"

夏治冰坚持认为王传福的宏伟目标是可以实现的，他说："我们也是新兵，初生牛犊不怕虎，我们觉得可以，汽车产业没有太高精尖的产业，我们不存在心理障碍。我们提出到2015年在我们公司成立20周年的时候拿到中国的冠军，在2025年的时候拿到世界冠军，整个团队我们有充分的信心，我们也一直做艰苦的努力工作。从心理上，从整个团队的准备上，从技术的条件上，我们认为可以达到这个条件。"

王传福的电动车可以说是墙内开花墙外香，国内没有引起大的轰动，但是在国外引起了很大的震惊。2008年9月，世界首富股神巴菲特宣布注资18亿港元收购比亚迪10%的股份。这就像给比亚迪做了一次上千万的广告，比亚迪又一次在国内外引起轰动。

再如2008年10月30日，美国《麦肯锡季刊》（McKinsey Quarterly）发表了一篇著名的文章《2009年中国将给我们带来的七大惊奇》，文中预测了2009年中国可能带个世界的七大惊奇，其中第一件就是谈比亚迪的电动车：

一、中国宣布到2020年，电动汽车将占据中国汽车市场半壁江山。为实现这一目标，中国将在研发领域投入上百亿美元。当其他国家还在苦苦追赶时，此举已令中国成为汽车技术领域的龙头老大。

二、中国在墨西哥地区购买50年的地契。

三、北京朝阳商业办公区某幢大楼倒塌。

四、中国公司购买一个或几个美国旗舰企业。

五、中国电信企业重组，最后完全合并。

六、英超购买中超。

七、台海关系回暖促大陆中国工商银行和中国台湾中国信托商业银行合并。

2. 上书温总理

2008年7月5日，一份以比亚迪汽车为对象的调研报告——《一个解放思想走在时代前列的自主创新典型》向温家宝总理呈报。报告的作者们是一批中国汽车界的老前辈。他们是科技部战略研究院研究员金履忠、中国工程院院士郭孔辉、原中国汽车工业公司总经理李刚。

这几位都是我国汽车界德高望重的老专家、老领导。例如郭孔辉是中国著名汽车专家，首批中国工程院院士，也是国内唯一的汽车方面的院士。现任吉林大学汽车工程学院院长、教授、博士生导师，国务院学科评议组成员，中国科学技术协会常委，中国汽车工程学会副理事长，教育部学科发展与专业设置专家委员会副主任委员，《国际交通与安全科学协会》<IATSS>专家顾问，《国际车辆动力学》<Vehicle System Dynamics>编委。2003年被评为"中国汽车工业50年50位杰出人物"之一。

郭孔辉院士在汽车系统动力学及其相关领域造诣精深。在轮胎力学、汽车动力学以及人车闭环操纵动力学等方面的研究成果均达到世界先进水平，是最早把近代系统力学与随机振动引入汽车科学研究的学者。

他在汽车振动与载荷方面系统的、具有开创性的著述在国内外都有重要的影响。郭孔辉院士也是我国汽车科学技术领域中汽车操纵稳定性、平顺性、制动与驱动稳定性及轮胎力学等领域的主要开拓者和学术带头人。曾经主持了多种新型汽车的开发与多项行业重大课题的研究，其系统的理论与试验研究，创造性地解决了我国在没有大面积专用试验场条件下的高速操纵性试验评价问题和一系列设计理论与实际问题，取得了大量具有国际先进水平的研究成果。

2008年3月底，在科技部战略研究院产业研究所的组织下，这些老专家和科技部战略研究院助理研究员程广宇等人，到比亚迪股份公司展开调研，他们于6月26日完成了这份《一个解放思想走在时代前列的自主创新典型》的报告。

调研报告高度评价了比亚迪，认为比亚迪掌握了制造汽车的规律性的东西，因此就能创新思维，不受传统观念的束缚，切实从自己的实际出发，什么办法可以做到成本低、品质高，就采用什么办法。

调研报告认为比亚迪在手机电池和轿车方面都已经取得惊人的成绩，13 年来资产增值万倍，达 300 亿元人民币，年利润 16 亿元。其发展速度之快，产品开发之多，水平之高，令人震惊，可以说创造了奇迹。

报告指出，比亚迪 2003 年从收购陕西秦川汽车有限公司开始进入汽车制造领域，传统轿车产量每年翻番，F3 产品上市两年即达到年产销 10 万辆，2008 年计划产 20 万辆，前 5 个月已经完成了一半，计划能够实现。更为重要的是，比亚迪试制成功大功率磷酸铁锂电力电池以及 9 种混合动力轿车和纯电动轿车，走在世界前列。

调研报告认为，比亚迪的成就之所以取得，关键是企业的领导班子，特别是领军人物、总裁王传福是一位有雄才大略的企业家，又是一位脚踏实地、苦干实干的创业者。他们认为王传福大胆解放思想，不崇洋、不媚外，敢于挑战权威，最终青出于蓝而胜于蓝。

调研报告说，比亚迪创造自主品牌，不仅没有像某些企业那样，靠购买外国的产品设计、买断车型或整个品牌（这种做法并不能取得自主创新能力），也不像某些自主创新企业那样，一开始带有仿制性地从低档车自主开发起家，而是一开始就瞄准世界先进的车型，不惜重金，把世界最先进的汽车样车买来拆开，加以测量、分解、检测，研究其结构，试验其性能，认真分析其零部件，没有专利的照着做，有专利的把它改一改。这种方法，既规避了专利陷阱，又大大缩短了与先行者的距离，是后来者、特别是从未搞过汽车者，以最快速度追赶先行者的方法。

调研报告最后就中国汽车工业的发展联系比亚迪的发展实践给温家宝总理提出了四条建议。

首先是重视比亚迪的经验。专家们认为，世界石油资源必将枯竭，而且价格愈来愈高，国外敌对势力遏制中国的一个重要措施就是对中国实行封锁。面对新时期复杂的国际形势，中华民族要实现伟大的复兴和崛起，需要解决的一个重要问题就是能源。比亚迪公司研发、制造电动汽车的探索与实践，对于中国少用和不用石油、节能减排是非常宝贵的经验，意义重大，值得国家重视和充分肯定。

因此，专家们呼吁，在总理方便的时候，建议去比亚迪考察，听取比亚迪公司领导人特别是一把手的汇报。他们认为这对思考中国汽车工业的发展思路，推动企业的自主创新，促进节能减排都大有益处。

其二，建议把国家扶持自主创新的政策落到实处。调研报告说，财政部对企业产品开发的费用可以按发生额的150%减收增值税。由于还没有实施细则，无法落实，企业得不到实惠。建议尽快制定可操作的实施细则。

其三，建议对自主开发的节能环保车，制定比一般自主品牌更为优惠的政策。他们建议政府对电动汽车给予差价补贴。一台传统汽车F3售价7万元，双模的F3DM轿车由于结构复杂要12万元。虽然后者在全寿命60万公里后累计可节省近18万元，但用户还会嫌售价过高，不好销售。鉴于这种汽车对节能环保、替代石油有战略性的贡献，借鉴欧美国家经验，建议对双模车的补贴数额不少于差价的50%（一辆车约补贴两三万元）。同时，他们建议有关部门研究，可否对这种汽车的生产企业和使用的个人再减征某些税费，比如购置税，政府采购优先选购电动汽车等，以鼓励这种车的发展。

专家们认为，欧美都有扶持电动汽车的特殊政策。比如法国设国家补助金：一辆纯电动汽车补助3200欧元，一辆混合动力汽车补助2000欧元。意大利政府对纯电动汽车，道路税的保险费免5年，保费约减少50%。挪威政府规定，对纯电动汽车免征所有登记税、进口增值税、道路税，城市免费停车、养路费打折等。美国2005年能源政策法案规定，购买合格的混合动力车，可得到减免税的优惠。如福特车及水星（Mercury）车每辆减免税2220－3000美元。

此外，专家们建议有关部门对大容量动力充电电池和双模轿车组织制定标准和质量认证，支持和鼓励在停车场建立公用220伏充电桩和快速充电网络，以消除用户充电的后顾之忧，加速F3DM轿车的推广。

3. 汽车振兴计划

2009年1月14日，国务院总理温家宝主持召开国务院常务会议，审议并原则通过汽车产业和钢铁产业调整振兴规划。

会议认为，汽车、钢铁产业是国民经济重要支柱产业，涉及面广、关联度高、消费拉动大。制定实施汽车和钢铁产业调整振兴计划，对于推进汽车、钢铁产业结构优化升级，增强企业素质和国际竞争力，促进相关产业和国民经济平稳较快发展，都具有重要意义。

会议强调，加快汽车产业调整和振兴，必须实施积极的消费政策，稳定和扩大汽车消费需求，以结构调整为主线，推进企业联合重组，以新能源汽车为突破口，加强自主创新，形成新的竞争优势。

一要培育汽车消费市场。从2009年1月20日至12月31日，对1.6升及以下排量乘用车减按5%征收车辆购置税。从2009年3月1日至12月31日，国家安排50亿元，对农民报废三轮汽车和低速货车换购轻型载货车以及购买1.3升以下排量的微型客车，给予一次性财政补贴。增加老旧汽车报废更新补贴资金，并清理取消限购汽车的不合理规定。

二要推进汽车产业重组。支持大型汽车企业集团进行兼并重组，支持汽车零部件骨干企业通过兼并重组扩大规模。

三要支持企业自主创新和技术改造。今后3年中央安排100亿元专项资金，重点支持企业技术创新、技术改造和新能源汽车及零部件发展。

四要实施新能源汽车战略。推动电动汽车及其关键零部件产业化。中央财政安排补贴资金，支持节能和新能源汽车在大中城市示范推广。

五要支持汽车生产企业发展自主品牌，加快汽车及零部件出口基地建设，发展现代汽车服务业，完善汽车消费信贷。

面对金融危机，中央政府要出台强有力的经济政策来刺激经济，在这个汽车产业振兴计划中，新能源汽车受到了很大的关注。因为在传统汽车行业，中国落后世界领先水平几十年，但在新能源汽车上，中国与美日欧等国处于相同起跑线。因此国务院希望通过扶持新能源汽车,突破现有的市场与技术困境,让中国汽车产业实现跨越式发展。

在国务院通过了振兴汽车产业的计划后,2009年2月5日,财政部、科技部发出了《节能与新能源汽车示范推广财政补助资金管理暂行办法》,在北京、上海、重庆、长春、大连、杭州、济南、武汉、深圳、合肥、长沙、昆明、南昌等13个城市开展节能与新能源汽车示范推广试点工作,率先在公交、出租、公务、环卫和邮政等公共服务领域推广使用节能与新能源汽车。

根据该《办法》,中央财政对试点城市相关公共服务领域示范推广单位购买和使用节能与新能源汽车给予一次性定额补助。其中节油率在40%以上的混合动力汽车,补助标准为5万元/辆;纯电动汽车的补助标准为6万元/辆;燃料电池汽车的补助标准高达25万/辆。

《办法》还规定,示范推广的节能与新能源汽车,必须符合混合动力乘用车和轻型商务车与同类传统车型相比节油率须达到5%以上,混合动力客车节油率须达到10%以上;生产企业对动力蓄电池等关键零部件必须提供不低于3年或15万公里(以先到者为准)的质保期限等要求。

《节能与新能源汽车示范推广财政补助资金管理暂行办法》颁布后,让业内人士感到振奋,普遍认为这将有力推动中国新能源汽车尽快实现产业化,也为中国在新能源汽车领域走在世界前列,形成自己的竞争优势奠定了基础。

面对全球范围日益严峻的能源形势和环保压力,近年来,世界主要汽车生产国都把发展新能源汽车作为提高产业竞争能力、保持经济社会可持续发展的重大战略举措。新能源汽车成为市场新的增长点,即使在车市低迷的情况下,美国混合动力汽车的销量仍然在增长。

而我国也基本掌握新能源汽车技术。过去10年,科技部组织实施的国家"863"及其他科技计划,累计投入近20亿元人民币资金对新能源汽车进行引导和支持。中国节能与新能源汽车技术研发取得重大进展,基本掌握了新能源汽车技术，建立了节能与新能源汽车的动力技术平台，形成了一个比较完整的关键零部件体系，开发出一批节能与新能源汽车的产品，实现了小批量的整车能力。例如奇瑞的纯电动车 S18、长城精灵 EV 等等。

其中最为引人注目的还是比亚迪公司在 2008 年底上市的 F3DM 双模汽车。国际上掌握双模技术的只有通用、丰田和比亚迪三家企业。比亚迪 DM 双模电动车突破了反复充电、家用插座充电两大技术难关，在三家企业中最先实现商业化。中国人在双模汽车领域走在了世界最前列。

但是新能源汽车研发费用大，成本较高。为了扶持新能源汽车发展，美国、日本等国家政府采取减免购置税、消费税、个人所得税等措施，鼓励消费者优先购买新能源汽车。在美国，消费者购买新能源汽车所拿到的各种优惠有四五千美元。

在中国实际上也面临这个问题，比亚迪、奇瑞、吉利、长安等中国自主品牌厂家研发的新能源汽车，虽然成本比国外低很多，但比传统汽车售价起码高出 20% 以上。价格偏高和政策不配套，影响新能源汽车进入中国老百姓的家庭。也不断有有识之士向政府建议给新能源汽车以政策扶持，例如在送程温家宝总理的《一个解放思想走在时代前列的自主创新典型》的报告中，几位汽车专家建议应该给比亚迪电动车每辆补贴三万元。

在多方建议下，最终国务院出台政策，仿照美国、日本的扶助政策，给新能源汽车提供补贴。无疑，这对比亚迪是个好消息。比亚迪 F3DM 的价格是十五万，这与比亚迪一贯的低价战略不符，比亚迪的主力车型 F3 售价不过八万左右。这款双模电动车 F3DMB 比 F3 售价高出近一倍，在市场上显然是没有竞争力的。

国务院的扶助政策简直是雪中送炭，每一辆车一次性补助五万元，这让比亚迪 F3DM 的实际售价降为十万元，无疑还是能够逐步占领市场的。

二、邂逅巴菲特

1. 巴菲特入股比亚迪

2008 年 8 月底,股神沃伦·巴菲特在接受美国 CNBC 电视台《财经论坛》栏目采访时曾放言:"在合适的环境下,你会在中国看到我的大量投资。"大家都在期待,到底巴菲特会看中哪家企业。

两个月后答案揭晓,股神巴菲特相中了比亚迪。

2008 年 9 月 29 日,巴菲特的伯克希尔·哈撒韦公司旗下附属公司 MidAmerican(中美能源控股公司)宣布,斥资 2.3 亿美元(合 18 亿港元)入股比亚迪,占 10% 股权。这是巴菲特在华尔街金融风暴之后在海外进行的首笔重大投资,也是他看好的第一个来自中国的新能源汽车产品。此前,巴菲特投资的中资企业多为排名全球 500 强的大型央企。而在中国经济蓬勃向上的今天,比亚迪成为巴菲特选择入股的首个民营企业。

中美能源是一家提供能源产品的全球领先公司,是巴菲特投资的伯克希尔·哈撒韦公司旗下逾 70 多家子公司中规模最大者,企业价值估计逾 400 亿美元。中美能源在美国中西部、西北太平洋地区和英国都有电厂,并控制着美国两条天然气管道。中美能源的总裁索科尔(David Sokol)也被视为最有希望的巴菲特的继任者。

伯克希尔·哈撒韦公司主席兼首席执行官沃伦·巴菲特先生说:"能够成为比亚迪和中国人民的合作伙伴,我们对此非常兴奋,王传福先生拥有独特的管理运营能力和优良记录,我们很高兴能有机会与他合作。"

"我们投资比亚迪的目的就是希望能够帮助公司突破,寻找新的技术。

这不光是金钱上的投资，而是一个商业上的结合，是伙伴关系。"中美能源总裁索科尔介绍说，中美能源长期以来一直关注电动车发展技术，通过中美能源董事同时也是比亚迪的股东、伯克希尔·哈撒韦公司副总裁芒格（Charlie Munger）的介绍，他在7月底来中国参观考察比亚迪，并交流了双方在投资和发展方面的愿景。"比亚迪有着卓越的管理团队，其研发能力也给我们留下了深刻的印象。我们还特别钦佩比亚迪将研发成果转化为高科技产品的能力。"

王传福表示："比亚迪本身也非常想寻找一个长期的战略合作伙伴，特别是在美国。电动车的商业化是我们一直以来的梦想。在北美，依托于巴菲特和其企业的声望，加上中美能源的帮助，比亚迪能更快地实现这个梦想。"他同时指出，中美能源在全美广泛的能源网络和电力输送网络能帮助比亚迪将来在美国进行电动车充电站设施的建设。

此次合作协议下，索科尔将进入比亚迪的董事会，王传福说："索科尔先生带来了多年的管理经验，能够帮助比亚迪制定全球发展战略。"王传福表示，中美能源一开始提出的投资额更大，达到五亿美元，"但是考虑到我们公司对资金的需求和发展，最终还是尊重了我们的要求"，形成了以每股8港元认购2.25亿股比亚迪股份的最终方案。

入股比亚迪，对巴菲特而言其实数目不大，仅仅不到两个多亿美元，但是对比亚迪却是有重要影响的。2007年，王传福对外宣布比亚迪要在2015年达到中国第一，2025年全球第一。当时其实信的人不多，所谓"风流总被雨打风吹去"，中国曾经有很多企业家说过各式各样的狂话，最后都是成了笑柄。而这一次巴菲特的入股，让国人真正见识了比亚迪的魅力。巴菲特的入股大大提升了比亚迪的品牌影响力。这是比亚迪方面欢迎巴菲特入股的首要原因。

除此之外，王传福还有另外的考虑，他说："比亚迪将以新能源汽车作为进入北美和欧洲市场的敲门砖。这也是我们欢迎巴菲特投资的重要原因之一，他的投资可以加速比亚迪在北美进行新能源汽车的推广。我们将通过 F3DM 混合双模动力车和纯电动车来打入欧洲市场，计划 2010 年试运行，2011 年正式推出，并和在美国市场的发展计划保持同步。"

而比亚迪吸引巴菲特的，显然是比亚迪的电动车前景。经过在电池领域十多年的研究，在汽车领域六年的研究，比亚迪已经占据了电动车制高点。就在巴菲特签署投资给比亚迪的前一周，以色列的一家名为 Clal 的行业投资机构与比亚迪签约，它将进口比亚迪的电动车并在其国内销售。王传福说："我们现在已经有电动车进入了欧洲市场。丹麦和其他一些国家、地区也都很欢迎我们的车去试运行。""未来的汽车市场将是新能源车的天下，既然我们已经在这个新领域占据了制高点，为什么还要低着头跟在别人的后面，拿低端车型去分点微薄的利润呢？"

此外，巴菲特投资比亚迪，在半年后还引起了一点小纷争，起因是郭台铭。郭台铭与王传福的矛盾已经闹了几年了，郭台铭是不放过一切机会攻击王传福的。

2009 年 5 月 2 日，巴菲特麾下的伯克希尔·哈撒韦公司在总部所在地美国奥马哈城举行年度股东大会。受金融危机影响，巴菲特 2008 年业绩惨淡，旗下公司 2008 年第四季度投资收益骤降 96%，是他 1965 年接手公司以来的最糟糕表现。不仅如此，他执掌的公司在过去一年里股价缩水将近四成，而且伯克希尔·哈撒韦公司保险业务的评级，也首次从"AAA"级降成了"Aa2"级。

在这次股东大会上，郭台铭本人不是股东没有到场，但是他通过中国台湾媒体向巴菲特提出三个问题。郭台铭同时表示如果巴菲特不回答，明年他一定买一、二股巴菲特公司的股票，在股东大会上亲自向巴菲特请教。郭台铭的三问是：

一问："巴菲特不是一直标榜只投资有诚信、长期经营的公司，为何投资偷窃富士康商业机密的比亚迪？"二问："巴菲特不要只敢在公司股东大会现场展示比亚迪汽车，敢不敢驾驶比亚迪整天自夸的 F3DM 电动双模车上、下班？"三问："丰田、本田、福特、通用等国际大车厂投资油电混合车领域很久以后，才开始赚钱，巴菲特是用何种专业知识判断比亚迪的潜力？"

看来郭台铭对比亚迪简直是恨之入骨，由于巴菲特投资比亚迪，郭台铭的恼怒已经转向巴菲特了。巴菲特并没有直接回答郭台铭的质疑，他的助手、伯克希尔·哈撒韦公司第二号人物芒格回答说："我认为王传福正在这个世界上做出伟大的事情。"

2. 巴菲特的投资史

巴菲特入股比亚迪一时之间成为中国企业界的爆炸性新闻，王传福坦言："巴菲特找到比亚迪让我们也很诧异。"但其实很长一段时间，比亚迪总裁王传福也从没有目睹过股神的庐山真面目，谈判一直是由巴菲特的副手索科尔完成的。巴菲特在2008年7月派索科尔在比亚迪考察了4天。索科尔对比亚迪的产品创新、模式创新及管理团队给予了很高的评价。

2009年1月，比亚迪出席美国底特律车展。在车展期间，王传福才第一次见到了股神巴菲特先生。会谈期间，巴菲特表示非常欣赏王传福，对比亚迪及王传福所带领的团队信心十足，并估计未来会有大批像比亚迪一样的中国技术型企业崛起，中国未来会是国际资本的一个首选投资目的地。在会晤期间，股神巴菲特还主动佩戴上"BYD" LOGO，表示自己是BYD一分子，力挺比亚迪的发展。

在会晤快结束的时候，股神巴菲特和王传福相互赠送了礼物。巴菲特赠送王传福钱包以增财气，而王传福则回赠巴菲特"比亚迪F6DM双模电动汽车模型"。

王传福对巴菲特入股比亚迪表示非常感谢。后来他曾评价说："巴菲特入股对比亚迪的品牌，尤其是在全球的品牌价值的提升，非常重要。巴菲特公司是非常令人尊重的公司。而且它的投资也是长期的。有它的投资，比亚迪的电动车，包括新能源产品，在全美的销售、品牌的价值当然就会提升了。"

显然巴菲特的入股提升了比亚迪的品牌，成为比亚迪可以对外宣传的一个亮点。

沃伦·巴菲特（Warren E. Buffett），1930年生于美国内布拉斯加州的奥马哈市，沃伦·巴菲特从小就极具投资意识，他钟情于股票和数字的程度远远超过了家族中的任何人。五岁时就在家中摆地摊兜售口香糖，稍大后他带领小伙伴到球场捡大款用过的高尔夫球，然后转手倒卖，生意颇为红火。上中学时，除利用课余做报童外，他还与伙伴合伙将弹子球游戏机出租给理发店老板，挣取外快。

1941年，刚刚跨入11周岁，他便跃身股海，购买了平生第一张股票。这一年他读到了一本名为《赚1000美元的1000招》的书，他对朋友说要在35岁前成为百万富翁。后来他的财富远远超过于此。

1947年，沃伦·巴菲特进入宾夕法尼亚大学攻读财务和商业管理。1949年巴菲特申请哈佛大学被拒之门外。巴菲特对此一直耿耿于怀。巴菲特在给他的朋友杰尔·奥瑞斯的信中写道："哈佛那些家伙太自命不凡了，他们认为，我只有19岁，太年轻了，不能被录取，并建议我再等一两年。"

哈佛之梦破灭后，巴菲特考入哥伦比亚大学金融系，拜师于著名投资学理论学家本杰明·格雷厄姆。在格雷厄姆门下，巴菲特如鱼得水。格雷厄姆反对投机，主张通过分析企业的赢利情况、资产情况及未来前景等因素来评价股票。他传授给巴菲特丰富的知识和诀窍。极具天赋的巴菲特很快成了格雷厄姆的得意门生。1951年，21周岁的巴菲特学成毕业的时候，他获得最高A+的成绩。

然而，以"A+"成绩毕业的巴菲特在找工作时，却多次碰壁。1956年，他心灰意冷地回到家乡。在一次聚会里，他宣布自己要在30岁以前成为百万富翁，"如果实现不了这个目标，就从奥马哈最高的建筑物上跳下去"。

1956年巴菲特建立了一个合伙公司"巴菲特有限公司"，亲朋好友凑了 10.5 万美元，其中有他的 100 美元。他正式开始了自己的职业投资生涯。1957 年，巴菲特掌管的资金达到 30 万美元，但年末则升至 50 万美元。1962 年，巴菲特合伙人公司的资本达到了 720 万美元，其中有 100 万是属于巴菲特个人的。当时他将几个合伙人企业合并成一个"巴菲特合伙人有限公司"。最小投资额扩大到 10 万美元。1964 年，巴菲特的个人财富达到 400 万美元，而此时他掌管的资金已高达 2200 万美元。

1966 年春，美国股市牛气冲天，但巴菲特却坐立不安尽管他的股票都在飞涨，但却发现很难再找到符合他标准的廉价股票了。1968 年 5 月，当股市一路凯歌的时候，巴菲特却通知合伙人，他要隐退了。随后，他逐渐清算了巴菲特合伙人公司的几乎所有的股票。

1969 年 6 月，股市直下，渐渐演变成了股灾，到 1970 年 5 月，每种股票都要比上年初下降 50%，甚至更多。华尔街的著名股票一个接一个猛跌。此时，巴菲特的投资才华再次显露，他投资生涯中更加耀眼的第二幕开始了。他建立起一种新的基金，取名为"伯克希尔·哈撒韦"，这是新英格兰一家老纺织公司的名字。当时，老公司早已荡然无存，没有一座工厂，没有一个工人，只留下一块招牌。

后来，这家小企业在巴菲特手中成了最负盛名的控股公司，它是美国好几家大跨国公司的主要股东：可口可乐的 8%，吉列的 8.5%，美国运通的 11%，迪斯尼的 3%，《华盛顿邮报》的 17%……到 2000 年年底，这些股份的总价值为 372 亿美元。

从 1965 到 1994 年，巴菲特的股票平均每年增值 26.77%，高出道·琼斯指数近 17 个百分点。如果谁在 1965 年投资巴菲特的公司 10000 美元的话，到 1994 年，他就可得到 1130 万美元的回报，也就是说，谁若在 30 年前选择了巴菲特，谁就坐上了发财的火箭。

1965－2006 年的 42 年间，伯克希尔公司净资产的年均增长率达 21.4%，累计增长 361156%；同期标准普尔 500 指数成分公司的年均增长率为 10.4%，累计增长幅为 6479%。

巴菲特个人投资史上最让人们津津乐道的是 1988 年他入股可口可乐。1988 年，巴菲特以每股 10.96 美元的价格悄悄地购买了 1400 多万股可口可乐公司股票，年底，伯克希尔·哈撒韦公司在可口可乐公司股票上的投资达到了 5.92 亿美元。第二年，巴菲特又增购了 9177.5 万股，使伯克希尔·哈撒韦公司在可口可乐公司股票上的投资超过了 10 亿美元。1989 年底，伯克希尔·哈撒韦公司投在可口可乐公司股票上潜在的盈利高达 7.8 亿美元。此后巴菲特在投资可口可乐公司上的收益更大。

2008 年，巴菲特由于所持股票大涨，身家从 100 亿美元猛增至 620 亿美元，第一次问鼎全球首富，墨西哥电信大亨斯利姆以 600 亿美元位居第二，13 年蝉联首富桂冠的微软主席盖茨退居第三。

巴菲特是有史以来最伟大的投资家，他依靠股票、外汇市场的投资，成为世界上数一数二的富翁。他倡导的价值投资理论风靡世界。价值投资并不复杂，巴菲特曾将其归结为三点：把股票看成许多微型的商业单元；把市场波动看作你的朋友而非敌人（利润有时候来自对朋友的愚忠）；购买股票的价格应低于你所能承受的价位。"从短期来看，市场是一架投票计算器。但从长期看，它是一架称重器"——事实上，掌握这些理念并不困难，但很少有人能像巴菲特一样数十年如一日地坚持下去。巴菲特似乎从不试图通过股票赚钱，他购买股票的基础是：假设次日关闭股市、或在五年之内不再重新开放。在价值投资理论看来，一旦看到市场波动而认为有利可图，投资就变成了投机，没有什么比赌博心态更影响投资。

巴菲特的投资理念最值得注意的就是他并不是一个单纯的投机者，他喜好作长线投资。有人曾做过统计，巴菲特对每一只股票的投资没有少过 8 年的。巴菲特曾说："短期股市的预测是毒药，应该把它摆在最安全的地方，远离儿童以及那些在股市中的行为像小孩般幼稚的投资人。"

同时巴菲特有自己独立的判断，从不跟风。世纪之交，网络股高潮的时候，热钱都疯狂地向互联网经济涌入。英特尔公司董事长安迪·格罗夫甚至发出了这样的呼喊："赶快跳上电子商务的高速列车，否则你将死无葬身之地！"

但是巴菲特却并没有投资互联网新经济。那时投资界一致认为他已经落后了，据说他的一些股东对他很不满，想要逼他退休。但是2000年互联网泡沫破灭，股价大跌，埋葬了一批疯狂的投机家，巴菲特再一次展现了其稳健的投资大师风采，成为最大的赢家。

巴菲特也有失算的时候。例如作为可口可乐公司的股东，2000年巴菲特迫使可口可乐取消140亿美元收购食品公司桂格公司的计划。但在2001年，百事可乐以同样的价格收购桂格，带来了丰厚的利润。当然这些小的失误，不能掩盖巴菲特的巨大成功。

巴菲特自己把他的成功归结为"专注"。他的传记作家施罗德写道："他除了关注商业活动外，几乎对其他一切如艺术、文学、科学、旅行、建筑等全都充耳不闻——因此他能够专心致志追寻自己的激情。"毫无疑问，巴菲特是人类史上最伟大的投资天才之一。

三、逆金融危机而动

1. 比亚迪逆市上攻

2008年9月15日，美国第四大投资银行雷曼兄弟公司申请破产保护，第三大投资银行美林证券公司被美国银行收购。受此影响，纽约股市三大股指15日巨幅下挫，创下9·11事件以来的最大单日跌幅。一场金融海啸从华尔街开始了。

每一次金融危机，作为美国三大支柱产业之一的汽车业总是首当其冲。2008年10月10日，传出消息，美国本土的第一大和第三大汽车制造商——通用汽车公司和克莱斯勒汽车公司正在进行合并协商。仅仅过了两天，又有消息传来：在与克莱斯勒协商的同时，通用还在与美国第二大汽车制造商——福特公司进行合作的接洽。原本是冤家的美国汽车行业三大巨头，现在却不得不相互扶持，取暖过冬。尤其让人泄气的是2009年本来是通用汽车公司的百年大庆，而现在居然传出要倒闭的骇人新闻。

统计数据显示，美国2008年9月份汽车销量仅为96.5万辆，同比下滑27%。这是美国月度汽车销量15多年来首次跌破100万辆。作为美国三大汽车企业所在地的底特律，简直成了"魔鬼之城"，到处是怨声载道的工人们和垂头丧气的车企高层。分析师们悲观地预计，北美车市3年内都难复苏。

车市的低迷不仅仅是美国的情况，受全球金融危机以及经济低迷的影响，丰田汽车以及本田汽车2008年9月份销量分别下降32%和24%。德国宝马公司公布的数据显示，9月份宝马的全球销量下跌2万辆，同比下降近15%。而戴姆勒公司计划从12月份开始停产1个月，以应对危机带来的负面影响。欧宝汽车公司则宣布，暂时关闭几乎全部的欧洲工厂，施行年度减产4万辆汽车的计划。同时给5000名工人放长假，以减少公司的生产成本。

这场金融风暴逐渐向实体经济领域传播，日益演化成一场全球金融危机，尽管美国国会批准了7000亿美元的庞大救市计划，但仍无力阻止金融危机的进一步扩大。

在金融危机中，作为我国经济支柱的汽车产业，亦不免感到阵阵寒意，销量的持续下滑、消费者持币观望态度的一再持续。一汽丰田、长安福特等对销售目标的下调，汽车企业似乎无一幸免地被金融风暴卷了进去。受金融危机的影响，中国乘用车市场将告别每年20%以上的增长速度，预计2009－2015年，年增长率将在10%－5%之间。不过相对于惨淡的美国市场，中国市场仍然处于上升期。

2008年车企的销售均有力不从心之感，多数企业仅以降价、新车为核心，自身疲软乏力，更引不起消费者多少兴趣。从2008年6月开始，中国汽车市场急转直下，令所有汽车经销商们措手不及，2008年有八成的汽车经销商亏本。为了缓解资金压力，很多经销商都不得不将新车合格证，抵押给银行换出承兑汇票。

通过短期的资金周转，经销商得以维持经营，但是销量持续下滑、库存积压严重、银行贷款难，使脆弱的经销商资金链如同崩到极限的弓弦。面对依然不容乐观的2009年，中国汽车流通协会人士认为，2009年将是经销商面临全面整合的一年。有业内人士认为"2009年，约40%的中国汽车经销商将面临倒闭或被兼并"。

在这种全球金融危机，国内外汽车市场普遍低迷的大背景下，比亚迪却异军突起，成为金融冬天里一匹令世人瞩目的黑马。且不说九月底，股神巴菲特给比亚迪投资18亿港元，让比亚迪名声大振，单单就比亚迪F3、F0的销售情况就足够让人刮目相看。

作为比亚迪的主打车型，F3一直保持着强劲的销售势头。2008年9月总计销售了12455辆，10月的15343辆，连续两月稳居"万辆俱乐部"。尤其必须指出的是，F3在10月销量超越了捷达，成为当月单车销量冠军，比亚迪F3也因此成为新一代的销量王。

在F3之外，比亚迪又发布了F0这一新车型。2008年9月2日，F0上市当天，比亚迪销售老总夏治冰曾对外宣称"F0的整车利润不超过1000元"。同时，信心十足的夏治冰更放出豪言："F0在A00级市场上没有对手。"果然，作为比亚迪试水微车市场的试金石，F0上市首月销量破万，10059辆的销量让F0力压奇瑞QQ，坐上微车市场的头把交椅，不能不让人感到惊讶万分。

F0的出色发挥，让比亚迪面对20万辆的销售目标时有了足够的底气。虽然10月份的数据显示，QQ以稳定的8775辆超过F0的7059辆，但不得不承认的是，"薄利多销"的杀手铜已经让F0在微车市场占据了一席之地。对于比亚迪而言，利润不是目的，目的是在微车市场打开局面，站稳脚跟。拿利润换市场，比亚迪的勇气着实可嘉。

在金融危机的侵袭下，比亚迪显得一点不受影响，反而逆市上攻。比亚迪2008年上半年报显示，上半年公司汽车业务营业额约为38.1亿元人民币，同比增加约71%，汽车销售量约为72357辆，同比增长约94%。2008年9月，比亚迪销售汽车2.35万辆，位列全国乘用车企业第七，中国本土品牌第一，超过了北京现代、奇瑞汽车等主流车企。比亚迪也首次超越奇瑞，成为自主品牌月度销量冠军，其中，F3首次进入前5，F0则是上市第一个月就跻身"万辆俱乐部"。比亚迪的销售情况让王传福挺直了腰杆，甚至定出2009年销售量比2008年增长一倍，达40万辆的宏伟目标。

王传福对此看得很清楚，他说："没有自主创新，没有不断加快企业升级、产品升级，比亚迪不可能被巴菲特看中入股，更不可能抗击这一次百年不遇的全球性金融危机。""正是这种不断创新与研发的能力，让比亚迪在行业的'冬天'中独树一帜，依然保持良好的发展态势。"

比亚迪汽车能够在经济低迷的情况下取得优秀的销售业绩，与比亚迪的理念是分不开的。比亚迪强调优良的性价比：高品质、低价位。

比亚迪不论在IT行业还是汽车行业，都把品质视为产品的生命，对品质精益求精。汽车制造过程中，影响汽车制造的主要是两大要点：一是在研发过程中的技术开发设计水平，二是在制造过程中的工艺制造水平和质量保证能力。比亚迪特意制定了"整车741"项目，来改善汽车的品质。该项目从汽车的研发到生产直到最后的销售环节，都制定了严格的品质监察体系，确保每一辆车的每一个部位的品质都达到标准，提高整车的品质。

在经济不景气的时候，比亚迪汽车低廉的价格尤其受到消费者的青睐。例如F3新白金版不仅配置丰富，而且定价合理。定价在5.68万 – 9.68万之间，充分考虑了中国大众的购买能力，让更多的人实现了买好车的梦想。而新上市的F0仅仅3.69万元的售价，时尚的外观，不超过1000元的利润，更赢得了很多年轻人的青睐。

比亚迪以高品质、低价位的优质性价比占领市场，因此更能抵御金融危机。某种程度上甚至可以说，比亚迪"爱上了"金融危机，比亚迪能从金融危机中寻找机会。实际上比亚迪电池业务的发展也得益于1998年的亚洲金融危机，让比亚迪低价的产品更快地占领市场。在金融危机中，消费者普遍倾向花更少的钱，购置更好的车，比亚迪汽车优质的性价比，保证了比亚迪在低迷的车市中有可能异军突起。因此比亚迪汽车在金融危机中，面临的机遇反而要比平常多。

其实靠金融危机占领市场在汽车发展史上是有先例的，上个世纪70年代末，由于伊朗政变引起的石油减产，造成了第二次石油危机。以高油耗和豪华著称的美国汽车尝到了苦头，能源价格急剧上涨，当时油价从每桶13美元一下上涨到每桶34美元，加剧了普通消费者的用车成本，使得汽车消费极度萎缩。而日本汽车正是瞄准了这个时机，在70年代末和80年代初，将自己经济节油的轻型汽车推销到了大洋彼岸，造成日本车在美国风行一时，最终引起了世界汽车格局的变化，这就是日本汽车在世界车坛上的崛起，一直到今天在世界车坛上几乎是霸主地位。

因此这次金融危机对比亚迪也是一次不可多得的机遇。比亚迪在金融危机中推出自己划时代的双模电动车F3DM正是要去把握这次机会。相信比亚迪一定会成功的。

2. 收购宁波中纬

股神巴菲特入股比亚迪仅仅一周，2008年10月6日，比亚迪以近2亿元人民币的代价收购了一家半导体制造企业——宁波中纬。这是比亚迪获得巴菲特旗下中美能源控股公司约18亿港元入股资金之后，首度采取大规模的收购行动。

宁波中纬成立于2002年2月，位于宁波保税区南区，曾是宁波地区首家半导体制造企业，属于中纬积体电路（开曼）有限公司的全资子公司，曾被视为浙江半导体产业的希望工程，注册资本1亿美元，定位于6英寸芯片制造与服务。其中一期工程投资1.5亿美元，占地面积13公顷。宁波保税区还为其预留了二期、三期空间。

该公司一期于2004年7月投产，当时属于大陆具有高压CMOS/BiCMOS工艺0.5微米的生产线。中纬目标是先做好6英寸项目，未来投下15亿美元进入8英寸、12英寸，建成领先的半导体基地。

中纬创始人为中国台湾地区操盘手冯明宪与蔡南雄。两人都是留美博士，1997年涉足大陆半导体产业，参与改造无锡华晶，筹备上华半导体。其中，蔡南雄还先后担任过无锡上华、上海宏力半导体总经理。而且，蔡南雄对中纬的定位似乎合乎市场规律。他认为，6英寸线虽然低端，但基础市场大，效益应该不错。国家不应一味支持高档项目，忽视成熟且经济效益更好的低端市场。

中纬成立时，变相成为台积电部分产能供应商。随着奇美电子入驻宁波,它有了不少液晶驱动芯片订单。在获得凸凹电子订单后,客户关系更加稳定,截至2008年第一季客户数达123家,本土97家,生存土壤似乎足够厚了。

中纬于2004年5月第一片芯片出货后,花了两年时间才达到1万片/月的产量,公司董事长冯明宪此前说:"设备补齐,一厂有望达到4万片/月,产值可达1亿美元。"但四年过去了,一直未达到。

而未达产值的直接原因来自设备障碍。中纬成立时,设备来自台积电一厂,该厂是台积电1987年成立时的基地,设备寿命已近20年。实际运营后经常出问题,机器故障始终未能解决,导致产能一直徘徊在1万片/月,现金流一直无法达到平衡。

据业内人士介绍,半导体设备使用寿命一般为15年,超过年限维护风险很大,成本高(每小时约100-150美元服务费),备件也存在难题。而中纬设备使用年限已接近或超过15年,基本到达寿命终期。

但关键是,中纬一直缺乏资金更换生产线。而随着运营艰难,财务亏空越来越大。中纬公司网站仅公布了营收数据,2005年至2007年分别为1159万美元、2059万美元、2938万美元,2008年首季营收为710万美元,但具体利润不明。

北京世纪未来投资有限公司所做的《2008年中国集成电路行业风险分析报告》显示,浙江半导体制造企业中,杭州士兰最好,宁波中纬最差,截至2007年11月,其亏空已达7524万元。

这间接导致中纬与供应商之间的矛盾。2008年7月,上海亚迪斯半导体便以买卖合同纠纷,将中纬告上法庭,而背后真正的原因在于中纬财务压力。一名中纬原工程师透露,公司曾拖欠员工住房公积金,在宁波市北仑区住房资金管理中心与中纬协调后,2008年2月才补缴了去年欠缴的1个月住房公积金。

中纬原总经理蔡南雄2007年年中曾对外透露,宁波当地曾承诺给予支持,但银行方面忽然得到上级命令不再支持6英寸生产线,可能上马8英寸甚至更高生产线，中纬受到很大影响。

无奈之下，宁波中纬只能将公司拍卖，这才有了比亚迪收购中纬。

宁波中纬的这次拍卖中间还经历了一点波折。早在2008年9月4日，浙江三江拍卖与宁波正大拍卖两家公司便在网站上公布了中纬的拍卖信息，相关资产包括工业房地产及电子设备、机器设备、运输设备和专有技术项目转让等。其中房产建筑总面积34315.72平方米，土地使用面积131054平方米，整体起拍，参考价人民币21140万元，保证金2000万元。

2008年9月19日，拍卖在北仑金陵富春国际大酒店举行。在众人的愕然之中，关于中纬积体电路（宁波）有限公司的资产拍卖以流拍结局落幕。很多业内人士原本以为，这场拍卖会将是半导体老牌企业贝岭和集成电路新军方正微电子的较量，但在拍卖当天，上海贝岭和方正微电子却双双缺席。

对于19号的这次资产流拍，浙江三江拍卖公司方面解释说，主要是程序有些问题，此外没有透露更多原因。一位自称熟悉中纬的半导体企业高管表示，流拍原因在于标的物价格太高，"除了工业地产，其他价值不大，哪里值2亿元？"他说，中纬的机器寿命已接近20年，简直是老"古董"了。

在此次流拍这后，二次拍卖定在10月6日，地点与拍卖标的物信息不变。20号浙江三江与宁波正大已在网站重新挂起了拍卖公告。

2008年10月6日，宁波中纬半导体的拍卖终于成交。

"成交价接近2亿元人民币。"负责此次拍卖的浙江三江拍卖有限公司孙先生对外确认，而这正是接近此前宁波中纬半导体资产首次拍卖时的参考价格，即1.7亿元人民币。

但是，令人大跌眼镜的是，接手者并非此前传闻中的上海贝岭微电、深圳方正微电子，而是半导体产业"圈外"的全球电池巨头、汽车新贵——深圳比亚迪有限公司。貌似比亚迪正像几年前突然收购秦川汽车一样，又突然收购一家微电子公司。

但是王传福强调，比亚迪并非半导体产业新军，事实上早已进入多年，只是没有大做宣传而已。"我们2002年就成立了比亚迪微电子，开始从事集成电路设计，已经开发出很多产品，主要集中在手机领域。"

全球著名半导体专业调研机构isuppli分析师顾文军分析认为，比亚迪收购宁波中纬半导体资产，或许意在强化半导体布局。原因在于比亚迪早已走出电池业务，在IT领域、尤其是手机代工业务奠定了市场地位。"从电源管理芯片、CMOS图像传感器、液晶驱动和触摸控制芯片等领域的布局可以看出，比亚迪正在整合资源，完成整个产业链的一条龙服务。"顾文军说。他进一步分析说，比亚迪收购中纬半导体资产，可能仍将集中在自身手机代工领域，不太可能进入专业的半导体代工制造。

事实上，早在2005年8月，原负责比亚迪电池销售业务、现任比亚迪汽车有限公司总经理的夏治冰便对外强调，在手机领域，除了手机芯片，比亚迪手机已发展出LCD、摄像头、模具加工、柔性电路板等几乎所有零部件业务，可以提供"一站式"服务。而在手机芯片领域的延伸，意味着比亚迪有望彻底完成手机代工业产业链布局，从而与第一大对手中国台湾地区富士康形成电池优势之外的竞争优势。

不过从比亚迪方面的宣传来看，比亚迪这次收购宁波中纬并不是单纯为了整合手机产业链，更多的是在为制造电动汽车制造条件。

夏治冰对表示，通过收购宁波中纬，比亚迪汽车整合了电动汽车的上游产业链，将加速整个电动汽车的商业化步伐。通过收购，比亚迪拥有了电动汽车驱动电机的规模化生产能力，掌握了一些核心零部件的研发能力。夏治冰表示，过去常说在电池技术的领先地位是比亚迪进军电动汽车领域的最大资本，现在，除了电池技术外，比亚迪也掌握了驱动电机控制技术制高点。

王传福在几天后的深圳高交会上也对外表示，电机的驱动系统中最核心的是IGBT，以前都是进口的，成本大概在1万元左右。比亚迪购买宁波中纬之后，自己制造驱动系统的IGBT，成本将是之前的十分之一。

3. 王传福上榜福布斯

2008 年是比亚迪快速发展的一年，2008 年也是比亚迪动作最为频繁，媒体曝光率最高的一年。3 月，与富士康的诉讼案陷入谷底，到 12 月又突然翻盘，比亚迪突然取得优势。9 月 F0 上市，取得首月销售破万的好成绩。9 月底，成功引入股神巴菲特的 18 亿港元的注资，在国内外引起轰动。10 月初，动用近两亿元收购半导体制造企业宁波中纬，准备整合电动车产业链。12 月中旬，双模电动车 F3DM 上市，王传福放言要开启电动车时代。

2008 年，王传福算得上是不折不扣的中国年度经济人物。因此 2009 年 1 月，王传福获得了被誉为中国经济领域"奥斯卡"的"2008CCTV 中国经济年度人物"的年度创新奖。

王传福的获奖理由是：2008 年，他给了汽车一颗电动的心，股神巴菲特看中他的理由十分简单，前进的梦想能反复充电 4000 次。

这一天，王传福亲赴北京国家体育馆颁奖现场，领取年度创新大奖。在颁奖现场，王传福发表了《我的中国梦》主题演讲，王传福说：

> 首先感谢 CCTV 及评委给我这个殊荣，也感谢改革开放给比亚迪发展的机会，同时也感谢 14 年来和我共同成长的比亚迪所有员工。比亚迪这个公司在 14 年前在深圳成立了这么一个以技术为主导的企业，在这 14 年里，我们从 20 个人发展到 14 万员工，从几百万的产值发展到几百亿的销售额，从单一的电子产品发展成有手机零部件、汽车等产品，我们锂电池全球的市场份额是第一，全球每十个手机有三个手机的电池是比亚迪制造的，比亚迪从 03 年进入汽车产业以来，用自己的技术和创新开发出各种新型的企业。
>
> 比亚迪所取得的这一切都离不开技术和创新，比亚迪有个理念，叫技术为王，创新为本。比亚迪始终在做一道证明题，证明什么呢？证明技

是可以改变世界的。我们比亚迪想用电池技术加汽车技术，打造出电动车技术，用电动车的技术把地球变得更蓝，来实现人类绿色的梦想。这就是比亚迪所有的员工的梦，我们的名称：实现梦想。谢谢！

在获得"2008CCTV中国经济年度人物创新奖"之后不到两个月，王传福再次收获另一项荣誉：他第一次登上了福布斯全球富豪榜。

2002年10月，由于之前比亚迪刚刚在中国香港上市成功，王传福以1.52亿美元首次跻身《福布斯》中国大陆富豪榜，并且取得了41名的好成绩。2003年，王传福名次飙升，以3.38亿美元冲到了第13名。但是这只是中国富豪的排名，王传福还只是在中国人的圈子名列前茅，王传福还没有跻身《福布斯》全球富豪排行榜。

2009年3月11日，美国《福布斯》2009年度富豪榜揭晓，王传福榜上有名，他以13亿美元，排名559位。必须指出的是，2009年由于金融危机的冲击，全球富豪格局经历了重新的洗牌。正如之前许多人所预料的一样，在几十年不遇的经济危机影响下，2009年的榜单大变样，《福布斯》专刊封面上红色粗体大标题赫然印着"亿万富豪大萧条"。

2009年，全球个人财富在10亿美元以上的富豪人数从去年的1125人降至793人，这是2003年以来《福布斯》富豪榜首次"缩水"。不过更引人注目的是，榜单上所有富豪的资产总额从去年的4.4万亿美元锐减至2.4万亿美元。

在新闻发布会上，《福布斯》杂志负责编纂榜单的高级编辑路易莎·克罗尔称这是"23年来最糟糕的"。2008年排在第三位的比尔·盖茨今年再次成为全世界最富有的人，他以400亿美元资产跃居首富，而2008年排名第一的美国股神巴菲特则以370亿美元资产位居第二。不过，比尔·盖茨的胜出并不是因为赚的钱多，而是因为赔的钱少。2008年世界首富股神沃伦·巴菲特损失了约250亿美元，而比尔·盖茨只损失了180亿美元。

在华人方面，也受到金融危机的巨大冲击。中国内地共有28人上榜，中国香港有19人，中国台湾有5人上榜，共计52人，仅占793个中的6.6%。长江实业集团主席李嘉诚2008年以265亿美元的身家，跻身全球富豪榜11名，2009年则以162亿美元排名16位。同时他仍然是全球华人首富。

中国内地方面出现了富豪大缩水的情况。2008年共有42名身家超10亿美元的内地富豪，而2009年只有28人。包括百度CEO李彦宏在内的十几位富豪跌出了榜单。值得注意的是有5名中国内地"10亿美元级富豪"首次上榜，其中就包括现年43岁的比亚迪股份有限公司总裁王传福，王传福排名虽然不高，但他获得了《福布斯》杂志的重点介绍。

比亚迪在2008年，可以说是逆市上攻，在全球金融危机的大背景下，电池业务、手机零部件业务、汽车业务都取得了不错的销售利润。这让王传福在中国富豪大幅缩水的情况下，高调挺进福布斯。

2008年投资比亚迪的巴菲特也尝到了甜头。沃伦·巴菲特旗下的伯克希尔·哈撒韦公司2009年2月28日公布年报说，2008年第四季度投资收益骤降96%，为巴菲特1965年接手公司以来最糟糕纪录。这也让他在2008年一共损失了250亿美元，从世界首富的位置上滑到第二。

巴菲特在给伯克希尔·哈撒韦公司股东的一封公开信中承认，他在2008年的投资中做了一些"愚蠢"的事情，给公司造成数十亿美元损失。巴菲特所说的"愚蠢的事"是指他在油价接近历史最高位的时候，增持了美国第三大石油公司康菲石油公司股票。此外，他还花了2.44亿美元购买了两家爱尔兰银行的股票。结果，两家银行的股价狂跌了至少89%。

巴菲特尽管在美国投资市场遭到了重挫，但仅凭在港股市场中的比亚迪股份一项投资就为他赚回了超过十亿港元。2008年9月29日，巴菲特认购比亚迪的消息一出，比亚迪股份于第二个交易日便以超过40%的涨幅跳空高开，并一度摸高到了18.06港元。截止2009年5月初，巴菲特的收益超过了十亿港元。

第八章

跨进电动车时代

　　巴菲特之所以对比亚迪青眼有加,就是看中了王传福的电动车,他相信王传福将带领人类开启电动车时代。F3DM 与 E6,便是比亚迪颠覆传统汽车行业的核武器。

一、F3DM 双模时代

1. 开启电动车时代

2008年12月15日,是一个平凡的日子。但是因为比亚迪在这一天发布了比亚迪公司划时代的油电混合电动车F3DM,这一天有可能变得不平凡。

从2007年美国底特律车展首度亮相,到2008年年4月北京车展上第一次在国内亮相,再到10月份高交会上举行隆重的技术成果发布会,"F3DM双模电动车"这个名词已经逐渐为大众所熟悉。

王传福的电动车理念也逐渐为大众,甚至国家决策层所理解和接受。2008年11月,比亚迪F3DM双模电动车登上国家发改委第179批产品目录,这意味着长期困扰比亚迪的"准生证"问题获得突破性进展。得到这一好消息,王传福很兴奋,他说:"汽车诞生已经一百多年了,需要变革,汽车电池的出现,让汽车动力的变革成为现实。"

政府部门对比亚迪电动车项目的重视让王传福感到很欣慰,他说:"11月份我们的F3DM将登上目录,我们将在12月选个好日子把这款车正式推向市场。至于国家对新能源车的优惠方面,因为涉及到很多部门的协调问题,现在的情况我们还不好说,但我们的想法是,希望未来能够免掉10%的购置税。"

按照王传福的设想,F3DM将会是一款具有里程碑意义的新车型。

所谓"DM"是"双模"(DualMode)缩写。F3DM双模电动车搭载的DM双模系统是一种将控制电机和电动机两种混合力量相结合的先进技术,如果将纯电动简称为 EV，混合动力简称为 HEV，则比亚迪 DM 电动汽车是 EV + HEV（纯电动 + 混合动力），简言之就是可充电的混合动力电动汽车。这不仅降低了油耗及排放，更极大的提高了动力和操控性能，实现了既可充电，又可加油的多种能源补充方式。而且驾驶者通过按键，可轻松使实现纯电动（EV）和混合动力（EV + HEV）两种模式之间自由切换，实现了真正意义的双动力混合系统。同时，比亚迪 DM 双模电动车还突破了反复充电、家用插座充电两大技术难关。

双模电动车以电机驱动，无需自动变速箱，四轮驱动原理简单，易于实现，电机结构简单，技术成熟，经过多次重复试验皆运行可靠。王传福坚信，DM 技术将推动人类环保前进 20 年，它将颠覆目前的汽车世界，实现电动汽车的四轮驱动和无极变速，在世界汽车史上具有划时代的意义。

F3DM 使用比亚迪自主研发的"铁电池"，铁电池具有高容量、高安全性的特点，放在火中也不会发生爆炸。铁电视使用普通插座即可充电，充满电只需 9 个小时，快速充电 10 分钟可达 50% 的电量。在通常情况下，依靠铁电池可以使 F3DM 达到 160 公里的时速，并且连续行驶 100 公里。在电能耗尽后，内燃机仍可令其再行驶 330 公里，从而达到 430 公里的超长续驶历程。

2008 年 12 月 15 日，比亚迪 F3DM 双模电动车在深圳上市，总裁王传福和他的比亚迪团队都显得意气风发。比亚迪的 DM 双模电动车是全球第一款上市的不依赖充电站的电动车，而此前高调宣传的日本丰田新型混合动力车以及美国通用 Volt 的上市时间则排到了 2010 年和 2011 年后。比亚迪的 DM 双模电动车将比国际汽车巨头提前 2－3 年实现可插入式双模电动汽车的商业化，这也是中国力量第一次在汽车技术领域里扮演领跑角色。

12 月 15 日上午 9 时，比亚迪总裁王传福就 F3DM 双模电动车上市作了讲话。如果不出意外，王传福的这篇讲话将会作为中国汽车工业发展史上一篇重要的文献，被后来的学者长久回忆。王传福说：

尊敬的秘书长、尊敬的胡群处长,各位来宾、朋友们大家上午好!今天我们相聚鹏城共同见证F3DM双模电动车上市的辉煌时刻,我谨代表比亚迪13万员工向各位领导、各位嘉宾和媒体朋友表示热烈的欢迎和衷心的感谢!今年10月的深圳高交会比亚迪隆重发布了双模电动车成果,仅仅两个月之后我们迎来了F3DM双模电动车上市,比亚迪取得如此成功要深深感谢深圳这块沃土、感谢龙岗区委区政府、感谢发改委对我们的大力支持,感谢鼓励和关注我们的各界领导和各界朋友。

比亚迪自进入汽车产业以来一直研究和开发新能源汽车作为企业发展的目标,一直以强大的电池技术、整车研发能力和出色的整合能力成为汽车的领导者。比亚迪一步一步踏踏实实走过来,不仅完成了在传统燃油汽车领域的庞大产业布局,也初步完成了在新能源汽车的规划和发展。到现在为止比亚迪发展能源汽车战略路线已经飞速前行,推进燃油车发展的同时推进双模电动车的产业化,最后实行全电动车的产业化。为比亚迪实现两个"第一"目标打下坚实的基础,进而促进世界汽车工业的革命性变革和发展。

F3DM双模电动车上市也是中国力量第一次在汽车领域扮演领跑者的角色。当前世界面临资源紧缺、二氧化碳压力和环境污染三大问题,任何国家面临前所未有的压力并积极寻找策略,为传统汽车寻找环保能力解决问题的现实关系,从现实来看电动车具有环保、节能、节约等诸多优点,所以发展电动车是必由之路和必然选择。比亚迪最新研发的铁电池更具备了高安全性、低成本、循环寿命长等特点,成为最有可能替代传统能源的新兴领域,成为世界汽车发展的方向。

比亚迪F3DM双模电动车真正实现了总程的电动化和电子化。F3DM双模电动车采用电动车系统和混合动力系统,是控制电动车发动机两种技术相结合的形式,不仅节约了油耗,实现了既可充电又可加油的多种能量方式,实现了真正意义上的混合动力系统。并且F3DM双模电动车的节能效果非常明显,其综合能耗不到传统油耗的1/3,这将大大缓解汽车消费成本的压力和事后环保的压力。F3DM 双模电动车的推出也将大大刺激中国消费者对环保汽车的需求，为新能源汽车的大规模发展创造良好的市场氛围。另外，该车已经过多种状态下的整车实验包括 10 万公里的道路实验、整车碰撞实验，F3DM 双模电动车不仅满足客户上下班的需要，而且能满足城市交通需要。F3DM 双模电动车将成为未来十年电动汽车的主要力量。随着国家对电动车的不断重视和投入，随着基础设施的完善，我们将迎来电动车的时代。比亚迪 F3DM 双模电动车正式上市，在中国乃至世界新能源战略上具有重要意义。另外更可实现社会的可持续发展，创造和谐人居环境。

当今发展日新月异，全球格局也正在发生变化，中国汽车赶超世界水平的最佳机遇，未来三年将是比亚迪的突破期，我们会推出 F3DM 的多款汽车，实现人类电动汽车的梦想。

在此再次感谢各界政府、各位专家、各位朋友的大力支持，也希望各位一如既往的支持比亚迪汽车的发展和壮大，谢谢大家。

F3DM 的上市依然采用 F3 的分站上市策略。根据工信部的文件，F3DM 被允许在国内 14 个城市销售，分别为深圳、西安、北京、上海、青岛、厦门、广州、天津、武汉等。比亚迪销售公司总经理夏治冰表示，比亚迪将在这些城市陆续投放 F3DM。

但与 F3 上市不同，比亚迪 F3DM 先期销售的方式基本是团购，即与国有大型企业和当地政府签订团购协议。在 2008 年 12 月 15 日 F3DM 上市仪式现场，比亚迪公司总裁王传福与深圳市政府高国辉副秘书长、中国建设银行深圳分行副行长张学庆等领导一同上台，共同签署了比亚迪 F3DM 双模电动车的团购协议。后两者总共采购 80 辆车，其中深圳市政府 20 辆，建行 60 辆。

至于为什么 F3DM 上市要采取团购与巡回上市的方式，比亚迪方面也是基于客观的考虑。

DM双模技术是全球首创的高新技术，在商品化的过程当中，有一个新概念植入和引导的过程，消费者接受新技术新产品必须经历这样一个从未知到了解，从模糊到清晰的过程。一开始采用团购的方式，比亚迪销售部门直接与政府部门等团体打交道，将更有利于沟通。

同时，F3DM的市价为14.98万，而一般燃油车的价格在7万元左右，价格相差一半，对于普通消费者来说，性价比优势不明显，接受起来还存在一定的难度。因此F3DM就丧失了很大的市场份额，销量也打了折扣。由于目前新能源车还是铺路阶段，不能只追求销量，更重要的是得到市场和消费者的认可，这才是最终目的。因此目前这款双模电动车暂时还不适合推向单独消费者。

另外，虽然F3DM对使用环境依赖性较小，不需要专业充电站，但依然依赖220伏12安的插座，对单个消费者来说，这些设备的完全配套还是有些不成熟。如果在一些机构和政府部门、小区的停车场内统一安装类似的设备会较为方便。所以比亚迪明确提出："现有燃油车型主打个人消费市场，新能源车主打团体消费市场。我们对开拓个人消费市场非常谨慎，因为如果我们没有为消费者提供良好的使用环境，那么，在产品后期推广时就会出现重要障碍。"

很显然比亚迪推动电动车的市场化是在"摸着石头过河"，之前并没有任何样板可学，这正是比亚迪"创新为本"理念的体现。中国的很多所谓"创新"其实都是模仿，都是在模仿国外既有的模式，例如现在中国互联网的发展模式其实完全是在模仿美国，创新的东西很少。这使得中国无论政府部门、研究机构还是公司企业，其实并不真正了解"创新"，并没有体验过真正的创新，我们总是把"模仿"当成"创新"，这是有极大危害的。在支持创新这一点上，比亚迪无疑是走在中国企业前面的。

2. 众说纷纭"铁电池"

比亚迪是造电池起家的，2003年之所以冒险进入汽车制造业，原因就是因为王传福相信比亚迪的电池技术,有可能让比亚迪跨越传统汽车制造,而直接进入电动车时代。到2009年,比亚迪已经在电动车项目上投入了超过10亿元,而主要以电动车生产为主的深圳坪山基地总投入也超过40亿元,基于对比亚迪电动汽车的信心,王传福喊出了"在乘用车领域2015年做到中国第一,2025年做到世界第一"的惊世之语。

比亚迪的研发团队经过几年的攻关,开发出铁电池作为电动车的车用电池。王传福也把宝押在了铁电池上。如果说比亚迪电动车有一天会世界第一的话,那必然大部分功劳都在这个铁电池上。

但是比亚迪的这个铁电池也引起了很多质疑。例如有人指出:"比亚迪的铁电池,就是磷酸锂铁电池。而国内研究磷酸锂铁电池的企业有很多,目前走得最远的不是比亚迪,而是鲁冠球的万向集团。除此为之外,北大先行技术有限公司、恒正科技(苏州)有限公司、天津斯特兰能源科技有限公司也都拥有比较成熟的磷酸铁锂电池技术。"

批评者甚至把F3热销,在自主品牌中最快突破10万辆与之联系起来。批评者指出,比亚迪铁电池不过是一种炒作,是为比亚迪其他的燃油车造势。

那事实到底是怎样的?我们先看看比亚迪方面对铁电池的各种宣传。比亚迪方面的宣传稿大体上是这样说的。

例如"铁电池技术是世界新能源汽车领域的最高技术,它是比亚迪汽车载新能源领域的技术创新。目前国内外研究的铁电池有高铁和锂铁两种,比亚迪铁电池为前者,除比亚迪外目前还没有其他厂家宣称其产品可以大规模实用化。高铁电池是以合成稳定的高铁酸盐(K_2FeO_4、$BaFeO_4$等)作为其正极材料,来制作能量密度大、体积小、重量轻、寿命长、无污染的新型化学电池。"

"汽车动力电池难在'低成本要求'、'高容量要求'及'高安全要求'等三个要求上。而比亚迪的'铁电池'在上述三个指标上都取得了突破。此外,比亚迪的'铁电池'还具有长循环寿命、宽使用温度范围和优异的大电流放电性能等一系列优良特性，而且该电池所用的原材料及整个制作过程不含任何污染成分，还是一种绿色能源。所以说，搭载上铁动力电池的双模电动汽车是真正意义上的环保轿车。"

又如"铁电池代表了比亚迪在电池领域的最新科研成果，其中E表示环保和电力（environment 和 electric），T则表示技术（technology），power则表示动力和能量的意思，比亚迪以"ET-POWER"来命名新汽车动力技术，取意未来科技、未来汽车动力的含义。"

据了解，"ET-POWER"铁电池每块电压为3.3伏，60安时，电池充电循环次数可达2000次以上，电池的持续里程寿命大于60万公里。以F6双模电动汽车为例，车上共使用了100块铁电池，充满电续驶里程可达430公里（电动模式100公里+混合动力模式330公里），最高时速可达160公里/每小时。"

"DM双模电动车拥有优越的动力性能，DM驱动系统大幅度的提高了电机的功率和扭矩，系统最大输出功率125KW，相当于拥有3.0L发动机的优越动力性能，将给驾驶者一种全新的驾驶快感。"

再如"目前，比亚迪双模电动汽车已经申报了700多项国内外专利。该车经过了多种状态下的整车试验，在城市路况下基本可实现纯电动状态的行使。据了解，目前整个双模电动汽车系统的成本为5万元，产量提高后成本可大幅降低。"

"在王传福看来，比亚迪的铁电池是最有可能实现商业化的颠覆性技术，道理很简单，因为只有它具备了其他新技术尚且无法企及的成本优势。目前，传统锂离子电池充电时间至少要4到5个小时，而双模电动汽车在专业的充电站上快充15分钟可充满80%，即使是在家用电源上慢充，也只需要9个小时就可以充满。王传福表示，当今世界掌握双模技术的只有通用、丰田和比亚迪三家企业，但通用、丰田的电动汽车一次充电只能行驶25公里，而比亚迪DM电动汽车却能行驶100公里，同时比亚迪DM汽车还突破了反复充电、家用插座充电两大技术难关，使电动汽车在使用上更为方便。这样的成就不仅引起国际汽车厂家的重视，国际投资团也看好比亚迪电动汽车的商业前景，股神巴菲特购入比亚迪 10% 的股份充分说明了这一点。"

以上这些宣传文稿用各种方法烘托铁电池对于电动车发展的革命性。比亚迪方面虽然认为铁电池是电动车车载电池的首选，但是对铁电池的成分一直是保密。这当然是出于商业秘密的考虑，因为日本、美国的汽车企业也对电动车市场虎视眈眈。

可以说铁电池是一种比较大的技术突破，欧美的汽车公司电动车技术还不成熟也必然是因为他们没有取得这种突破。打个比方，铁电池技术可能就类似半个多世纪前三极管的发明，直接加速了电子计算机的发展，直接加快了信息时代的到来。

如此一来不免让人疑惑，毕竟美国、日本这些科技强国努力了多年都没有研究出什么名堂来。何以小小比亚迪就能取得突破，要知道中国在科研方面比美国何止落后二三十年。而且在中国科学研究领域，伪称新发明新发现骗取国家经费的例子并不少见，事后被揭露出来不过是购买了国外的产品，伪称创新。对此王传福的说法是："我们中国人落后欧美日本太久了，现在领先一下，还有点不习惯。"

与此同时，一些业内人士在王传福的一些只言片语中发现了一些让人生疑的地方。

2008 年北京车展期间，比亚迪董事长王传福在参加搜狐汽车频道"中国汽车制造业未来发展十年"08 总经理论坛时，说了一些关于铁电池的事。

主持人问比亚迪电动车所依赖的铁电池的成分到底是什么？如果要把这个铁电池就是 DM 卖到北美的话，现在美国关于 FIFEPO4，这个电池的所有人是在美国，会不会面临到要取得他的许可？

王传福回答："铁电池我们传统的命名上有一些错误，命名应该是正负级来命名的，不能用通道，通道命名发展太快，最后大家就叫不清楚了。我们铁电池，中间有一个体系的，也就是说是作为通道的，正级体系确实美国有一个专利，但是这个专利还在打，这个专利到底属于谁的还不知道，还在打，我想专利问题没有问题，等打完以后是谁的我们就买谁的，现在还不知道是谁的，专利费还不知道交给谁呢，专利不是大问题，我们会根据事实来做一些安排。"

王传福承认比亚迪的铁电池技术需要向美国某些机构购买一个专利。这是怎么回事呢？假如比亚迪并没有完全掌握铁电池技术，那王传福怎么敢喊"2025年全球第一"这样的口号呢？而且似乎比亚迪的铁电池只是把从前的已有的某种电池改了名字，突然之间凭空杜撰出一个新的概念"铁电池"，这是不是有点做假的嫌疑？

目前市面上锂电池主要有三种，即磷酸铁锂、钴酸锂和锰酸锂电池。当前锰酸锂电池技术更成熟一些，已经进入产业化阶段，丰田、本田、日产电动车用的是锰酸锂电池。与锰酸锂电池相比，磷酸铁锂电池耐高温性好，一般人认为相对安全性高一些。但其弱点是导电性差，内阻大，工作时产生的热量较多，目前的试验主要也是围绕着解决这一问题来展开。

从目前的技术水平来看，磷酸铁锂电池虽然小批量的产业化可以实现，但用在功率较大的汽车上，实现大批量的产业化难度还很大，虽然在实验室里技术问题可以解决，但在生产工艺，产品的一致性问题上都没有很好的解决。要想做到有较好的稳定性和安全性还不是短时间内能实现的。

比亚迪的公关部门也承认，比亚迪的铁电池就是锂电池，其中的主要成分是磷酸铁锂，只不过其中有铁的成分而已。磷酸铁锂电池于1997年由美国德克萨斯州大学John Goodenough教授的研究小组最早发明，且拥有了专利权。随后，John Goodenough教授将专利授权给了加拿大国家公共事业魁北克水力公司。

后来围绕磷酸铁锂电池展开了一场专利战斗，目前这场国际磷酸锂铁电池的专利官司正进行得如火如荼，专利大战的导火索是全球最大电动手工具大厂 Black & Decker 推出的一款电压为 36V 的无电线新型电动手工具。这款工具的特点是采用了可 1 小时高速充电、强大功率提升效率、高安全性与 2000 次以上的循环寿命的磷酸锂铁电池。这款产品的热卖，引起许多相关人士的研究，包括磷酸锂铁电池的专利拥有者美国德州大学。德州大学随后在德州达拉斯法院向 B&D 与此款产品的电池供应商 A123 Systems 提出专利诉讼，控告其在未获得电池技术授权的情况下制造与销售侵权商品。

由于德州大学所拥有的专利授权给了加拿大国家公共事业魁北克水力公司，导致整个官司越来越复杂，牵扯到了美国、加拿大、德国甚至日本。磷酸锂铁电池的专利问题竟成了国与国之间的大战。目前这场国际官司不仅旷日持久，而且诉讼金额巨大，有加拿大政府撑腰的加拿大国家公共事业魁北克水力公司目前已向法院提出希望侵权公司给予其的损害赔偿费用，每家高达 3.5 亿 - 5 亿美元，个别甚至达到了 10 亿美元。

因此王传福在讲话中提到的，等专利战结束后，比亚迪再向专利拥有方购买授权，其前因后果也正在于此。

比亚迪提出"铁电池"的命名很可能是为回避磷酸铁锂电池知识产权。有一些评论者因为王传福说的"专利不是大问题"，从而指责比亚迪无视磷酸铁锂电池知识产权问题，认为比亚迪是在侵权。但这种指责可能是由于不了解比亚迪的发展史，比亚迪在发展过程中，因为知识产权问题先后与三洋和索尼发生旷日持久的诉讼，最后逼和三洋、胜诉索尼。所以当王传福说"专利不是大问题"，正确的理解应该是王传福能够很好地处理铁电池涉及到的专利问题，而千万不能理解为王传福不把专利问题当成问题。

另外必须指出的事，德州大学的这项专利没有在中国、韩国等国申请，所以在国内做磷酸铁锂并不侵犯该专利的专利权，比亚迪在国内不会受到专利困扰。至于在欧美市场的销售，就需要与专利所有方协商了。

经过以上分析，比亚迪很可能是在磷酸铁锂电池的生产工艺上有了重要的改进，获得了几项专利，其中某些技术是国外不具备，或者还不成熟的。同时王传福相信由于中国劳动力价格的低廉，比亚迪在铁电池制造上可以复制从前镍氢、镍镉电池、锂电池的低价战略，将国外的竞争者击垮。

王传福在 2007 年 8 月 F6 下线仪式上，谈铁电池的一段话，也许能很好的说明一切。王传福说："现在这个铁电池是铁定了，具备量产的能力，我们在不同的产品上开始使用这个铁电池，公司购买了一平方公里的地，开始建大楼造这个产品，我们现在是在上海造，我们准备移到深圳，这个产品现在非常成熟，我们现在就等待汽车研发，等待专业在全球的公开。我们有一个发明专利，公开期 18 个月，比如今天申请了，18 个月才会公开，我们现在在等待这一些手续，这一些过程。我今天很高兴的告诉大家一个信号，铁电池已经是 OK 了，我们下面的步骤就是时间问题。我本人就是做电池的，我本人有丰富的电池实践经验和很高的理论水准，我可以向大家保证，比亚迪的铁电池绝对可以改变这个世界，比亚迪非常有信心，也希望你们对我们有信心。"

二、E6，未来的福特

由王传福领衔的比亚迪公司正在开启电动车时代的大门。面对未来，王传福有足够的自信。王传福说："电动车在节能环保方面的优势有目共睹，但是电动车的优势绝非仅限于环保，因为电动机是受软件控制的，所有功能都可以利用编程来实现，对于以 IT 起家的比亚迪而言，电动车的这一属性，能够延续我们在 IT 技术方面的核心竞争能力。"

王传福的最终目标是纯粹的电动车，但这不可能在短期内迅速实现。所以王传福打造出 F3DM 这样的双模车，为电动车时代的到来，做一个铺垫。

王传福解释说："关于双模车的概念，像美国人用插入式的，但是中国普通老百姓就不容易懂插入式。在中国我们用'双模'这个概念，因为中国人用手机都喜欢双卡、双待、双模。双模就是两模，有电就用电动车，电用完了就自动转到混合动力，非常好理解。因此我们就叫 DM，是为了适合中国的文化。如果真正有一天充电站普遍都有了，那双模就变成一模，那就是纯电动车。因此我们做双模也是被迫的，因为没有充电站，必须要挂一个发动机，以防一旦没电，车子无法正常使用。短途用电，长途用油，这个概念倒没有什么太多的创新，关键是要把它实施出来，能够把它进行商业化。"

王传福立志在人类史上第一个将电动车商业化。王传福要做第一个吃螃蟹的人。

在 F3DM 量产上市后，比亚迪即将推出纯动力车 E6。早在 2006 年底，比亚迪成立了 E6 纯电动车项目组，王传福亲自担任项目总负责人，并从比亚迪的电池、电子部件事业部调集大批人马，要将两大产业群的核心技术进行无缝对接。E6 项目组每个月至少开两次会讨论各项进展。

据王传福说："E6 这款车型就是为美国市场设计的。"王传福解释说："E6 的模具件已经做完了。这个车车体很宽，本身设计是四轮驱动，我们设计成总功率 200 千瓦，百公里的耗电 18 度，10 分钟可以充 50%，要充满的话，回家慢充比较好，既便宜也能充得足一点。E6 这款车型就是为美国市场设计的，价格大概在 20 万元人民币以内，不到 3 万美元。巴菲特也很喜欢这个车，第一辆车他要来开，他希望我们明年 5 月份在他们召开董事会期间拿 50 辆车去。"据说巴菲特还准备送一辆 E6 给他的好朋友现任美国总统奥巴马。

巴菲特确实是看中了比亚迪的电动车，因此才斥资 2.3 亿美元收购比亚迪 10% 股份。巴菲特要沾王传福的光，在电动车时代到来的时候，留下自己的印记。

美国人一直是新科技、新理念的倡导者，无论是莱特兄弟发明飞机、爱迪生发明电灯，还是制造原子弹、发明计算机，美国人一直是走在世界前列。但是这一次，美国人似乎落后于中国人了。面对电动车时代的到来，难道美国人没做任何准备吗？

美国人是有作为的，美国通用汽车公司准备在 2010 年推出可插入式电动车 VOLT，但该车第一是推向市场时间晚于比亚迪两年多，同时续航里程也不如比亚迪的电动车。VOLT 纯电动的续航里程可达到 60 公里，而比亚迪的 F3DM 双模电动车续航里程已经达到 100 公里

其实通用汽车本来是走在比亚迪之前的。通用汽车公司在 1996 年就开发了现代第一款纯电动车 EV1，但这款车在 2003 年便销声匿迹。公司方面解释说是因为稚嫩的电动技术所致。不过这款产品的拥护者在 2006 年拍了一部纪录片，称控制通用汽车股票的石油和金融巨头才是谋害 EV1 的元凶。

美国有美国的国情。美国是资本主义国家，整个社会的上层建筑是由资本家控制的。其中石油资本家财大气粗，能够左右美国的政治，甚至能主导美国政府在联合国反对的情况下，悍然发动攻打伊拉克的战争。从商业利益的角度来说，石油资本家并不欢迎电动车。虽然电动车有环保等优势，但石油资本家不希望看到电动车过早的占领市场。因为这样的话，普通的燃油车就将淘汰，那么石油消耗也将大大减少，石油产业的利润也将缩水。这是石油资本家不愿看到的。所以在美国电动车一直是雷声大，雨点小。个中原因显然是石油资本家在阻挠电动车的研发以及商业化。

现在巴菲特入股比亚迪，无疑对比亚迪进军美国市场将有巨大的帮助。王传福说："巴菲特公司的下属公司在全美有很强的能源网络，它有很多电力公司。比亚迪的新能源汽车在美国销售的话，大量的充电站、充电网络的建立，可以与之合作。"

无论是 F3DM 还是 E6，比亚迪要想在国内销售最大的瓶颈是价格问题。比亚迪的 F3、F0、F6 都是靠低廉的价格来占领市场，而电动车目前造价还是太高了，F3DM 要 15 万元，E6 要 20 万元，这在国内市场是没有任何价格优势的。但是这个价格在美国市场却还是有竞争力的，E6 在美国销售的话，不过 3 万美元。因此比亚迪积极开拓美国市场。

比亚迪公司对外宣称比亚迪电动车在 2011 年即将进入美国市场。王传福说："进入美国市场，目前我们现在还没有成文的方案，但现在我们双方都表示要加速，我们比亚迪有一个打入欧美市场的计划，可能这个计划会加速，比如 2010 年把所有的运行、论证这些程序做完，2011 年开始在美国和欧洲卖我们的双模车，我觉得可能会提前。"

2009 年 1 月美国底特律车展，比亚迪展出了这款千呼万唤始出来的 E6。这款车的长宽高达到了 4554/1822/1630mm，轴距长达 2830mm，从外形上看是一款 MPV 车型。采用纯电动机驱动，具备四种动力组合模式，分别为 75 千瓦，75 千瓦与 40 千瓦组合，160 千瓦以及 160 千瓦与 40 千瓦组合。其 0 -

100公里/小时加速仅需8秒，最高时速可以达到160公里/小时。E6电力消耗每百公里低于18千瓦时，因此充电一次最长可以行驶400公里。

在底特律车展期间，由于有三个月前巴菲特入股这一轰动性的新闻，比亚迪受到了美国主流媒体的广泛关注，纷纷大篇幅报道来自中国的汽车企业比亚迪。

《纽约时报》在财经版发表报道，位置在通用的报道之下，标题为《小展示大梦想》。王传福在车展上声称在2025年要成为世界第一大汽车生产商，"几乎没人认为该目标荒谬不可企及"。文中引述通用汽车公司亚太区总裁罗瑞立的话，称比亚迪不可被忽视。

《华尔街日报》在对新能源车的报道中，报道了比亚迪的新车型，认为在双模电动车发布的时间上领先美国和日本一年。文中引述王传福的话说，我们在汽油发动机方面没法和百年通用相比，但是从电动车看，我们在同一起跑线上。文章同时也提到了中国产品质量和电池的安全问题，但同时承认比亚迪在电池研发方面的优势。

《底特律新闻》相对持批评态度，报道说，中国企业尽管造出了看起来还不错的车，但进入美国汽车市场还面临障碍，运输费用和劳动力成本的增加是主要问题，而且在排放和安全上难以达到标准。报道中，通用副总裁鲍勃·鲁兹说："比亚迪像丰田车，除去车标，很难说比亚迪是不是以丰田为原型。"不过他还是非常重视比亚迪的电池技术，"他们的科学家、工程师和化学家可能是独一无二的。"

至于开拓国内市场方面，比亚迪还是希望能先占领国内的出租车市场。王传福说："另一目标就是中国的出租车市场，希望把深圳的出租车全部换成E6，让深圳的空气变得更干净，迎接世界大学生运动会，我们也希望北京、上海都把出租车换成类似这样的车。"

谈到电动车最关键的充电问题，王传福说："出租车基本上是城市范围，若干个点修一个充电站，而且充电站和加油站不一样，楼上楼下都可以建。充电站就像个冰箱那么大，不涉及到安全问题。但是最好要有一个大的电网做支持，如果没有，比亚迪有整套快充或者组合技术，通过这个电池对汽车电池进行大电流放电，五分钟可充完，不影响整个电网的波动。这是 E6 主要的技术，预计 2009 年下半年上市。"

总之，E6 这款车是比亚迪寄予厚望的，王传福称之为"核武器"。E6 有潜力像福特公司的 T 型车一样，引领一个汽车时代。见证这个电动车时代的到来是荣幸的，让我们一起期待王传福给世界的惊喜吧。

第八章 跨进电动车时代

第九章
比亚迪成功之道

比亚迪缘何成功？技术为王，创新为本。王传福对多元化的探索和产业的垂直整合，独特的袋鼠发展模式，让比亚迪跳得更高，跑得更远。

一、技术为王 创新为本

1. 创新之路

正像华为、腾讯等很多深圳企业都是工程师主导的文化,比亚迪也是具有一种明显的工程师文化氛围。王传福自己就是技术出身,所以比亚迪异常重视技术,重视创新,正像王传福在获得"2008CCTV经济年度人物年度创新奖"的获奖感言所说的:"比亚迪所取得的这一切都离不开技术和创新,比亚迪有个理念,叫技术为王,创新为本。比亚迪始终在做一道证明题,证明什么呢?证明技术是可以改变世界的。"

十多年来,比亚迪走出了一条创新之路。

王传福有一段话,解释了他所理解的创新,他说:"创新是什么?说得直白一点,没有人做过的东西你做了就是创新。那什么叫做自主创新呢?自主创新的标准又是什么?我认为自主创新应该是一个体系。企业作为自主创新的主体要实现真正意义上的自主创新应该经过一个过程,首先要具备自主研发和生产的能力,然后是自主认证的能力,目标是培育自主创新的品牌,只有走过这一系列过程才是完成了自主创新。"

王传福强调自主创新,强调研发,强调技术。

在熟悉王传福的人的看来,王传福对技术有着疯狂的痴迷。他的日常言谈举止中总是透露出对技术的重视。2003年,比亚迪收购秦川汽车厂后,王传福开始恶补汽车制造知识,他的办公室里堆满了相关的专业书籍。以至于外人走进王传福的办公室,会以为是走进了总工程师的办公室。

比亚迪公司的新闻发言人王建钧说："王总裁在企业中只管两件事：一是研发，二是市场。他有一半的时间就泡在各个研究院中，另一半时间，则在国内外市场上奔波，参加各种新产品展示会，获取最新的信息。"显然王传福所主管的，正是比亚迪的核心。

比亚迪自己的归纳"技术为王，创新为本"毫无夸张之处，在比亚迪有上万名技术工程师和10万工人努力地工作。"未来我们要发展到3万名工程师，30万-40万名工人，他们就是我的资本。"王传福自豪地宣称。

比亚迪的研发体系分为三大块：一是设在深圳的中央研究院，主要从事专利及各事业部研究成果的搜集、分析和消化，以及各种基础性研究给所有事业部提供技术支持；二是通讯电子研究院，从事汽车、生活领域的通讯技术和电子产品研究，应用在汽车上的产品包括多媒体系统、导航仪和手机部件；三是汽车开发研究院，分别设在上海和深圳，主要负责整车技术的研究。王传福经常在各研究院间来回穿梭，有时他会在设计部门负责人的办公室里一呆就是一整天，对各种技术难题展开激烈的讨论。

尤其值得一提的是比亚迪的"六角大楼"，名字听起来有点像美国国防部的五角大楼。其实正如五角大楼是美国军事力量的总部一样，六角大楼也是比亚迪的研发总部。六角大楼位于比亚迪坪山工业园区西北部，共6层，总建筑面积约12万多平方米，融研发区和办公区于一体，包括"汽车工程研究院"、"汽车及零部件检测中心"和"电动汽车研究所"，为比亚迪汽车生产提供全方位的汽车设计、汽车工程和汽车测试服务。六边形的设计使它成为坪山基地最有特色的建筑，号称"六角大楼"。可满足1.3万人同时办公，其中研发区可容纳科研人员2800人。

王传福和他的团队，卯足了劲，要改变中国汽车工业落后的现状，因此狠抓技术研发。比亚迪汽车总工程师廉玉波说："中国的一汽成立于上个世纪50年代初，那个时候韩国没有什么汽车工业，如今韩国已经远远超过我们，一个企业每年就可以生产几百万辆汽车，究其原因就是因为韩国的汽车企业重视研发。我们的一汽二汽有很多研发人员，但由于受体制的限制，企业领导人没有能力和条件带领企业搞真正的研发。"

廉玉波的批评是切中要害的。国有企业的研发中心并没有起到真正的研发作用，"他们似乎是有所畏惧，认为汽车研发涉及巨额投资，往往不敢去搞研发。在国企体制的限制下，即便搞一些研发，也往往只能成功，不能失败。"另外，国企在国家市场的保护之下，不愁生存，也没有研发的动力。

王传福真的是在干事业，他说："中国人必须建立自己的研发和创新体系。"王传福的这种干劲，使他能吸引到一批志同道合的同志。廉玉波就是被王传福锐意创造的精神吸引来的，廉玉波感叹："我们有个老板，他不仅想干、愿意干，而且认为必须干，同时有着技术和研发的基础。"

与那些做了四五十年汽车却成绩不多的国企相比，王传福一点都不畏惧汽车技术。他骄傲地宣称："技术恐惧是对手给后来者营造的一种产业恐吓，他们不断地告诉你做不成，投入很大，研发很难，直到你放弃。但汽车说穿了不过就是'一堆钢铁'。"

王传福把汽车贬为"一堆钢铁"，他有他自己的逻辑。王传福认为："其实汽车也是一个做了100多年的传统产业，传统产业是一个低科技产业，手机里面的零部件才是高科技，LPC、摄像头、LCD、精密塑胶，那个比汽车的难度要大得多。这个行业里面我们都可以叱咤风云，别的也可以。我的骨子里就是觉得中国人就是能干，只要给中国人机会，绝对是全球一流的公司，什么都能做成一流的。"

显然是手机电池、手机零部件等领域的成功，让王传福有了睥睨一切的勇气。汽车制造业在王传福看来并不是什么难关。比亚迪有技术，敢于创新，制造汽车很适合。

比亚迪的技术创新的一个重要体现是工艺创新，通过使用新的工艺降低成本。战略学专家曾鸣把比亚迪的这种方法称为"成本创新"，他认为比亚迪最大的优势就是固定资产投入非常低，折旧成本相应也非常低。事实上，比亚迪的折旧成本可能只有3%到4%，而三洋等全自动生产线可能要达到30%至40%。

靠做手机电池起家的王传福曾摸索出一套"技术创新加完全自主"的发展模式，这套模式让比亚迪成为了中国第一、全球第二的充电电池制造商。王传福凭借比亚迪自身的技术能力，动手设计制作关键设备，然后把生产线分解成一个个可以人工完成的工序，在最后容易产生误差的环节则设计了很多简单实用的夹具来保证质量。

这样，一条日生产4000个镍镉电池的生产线，只需要100多万元人民币，大大节约了成本。本来工业发展史证明，机械化作业成本更低，但是王传福通过自己的创造，找到了利用中国廉价劳动力的方法。通过这个创新，王传福把中国的人力资源优势转化为了巨大的竞争优势。

王传福回忆说："2000年，锂电池是很高门槛的行业，第一个发明、制造都是日本人，一条生产线就是一两亿美元。全世界都觉得锂离子电池就是这么做的，但如果中国也这么做死定了。我们想做就要探索出新的方法，方法还是可以探讨出来的。"王传福坚信事在人为，中国人是聪明的，绝对有解决问题的能力。

王传福强调说："走别人的路再和别人竞争是没法竞争的。关键是怎么想，包括后面的汽车，你和别人一模一样的打法，你凭什么打赢？"王传福又把这个"成本创新"的模式复制到汽车制造上来了。

和其他自主品牌先造车、后构筑零部件供应体系思路不同的是，比亚迪在造车前就先将零部件给做起来了。"除了玻璃和轮胎，比亚迪汽车上其他你看得见、看不见的零件，几乎都是我们自己制造的。"

这样，同其他车企相比，比亚迪又省去了在零部件采购环节被供应商扣留的利润。以汽车上的一个电子小部件为例，如果从外面采购，需要一二十元，但比亚迪自己生产，成本还不到两块钱。

通过这种成本创新比亚迪汽车的造价比其他自主品牌汽车的低多了，靠这种优质的性价比，比亚迪F3、F0等主力车型，在汽车市场上掀起了一股"比亚迪热"。

除成本创新之外，比亚迪的创新还体现在营销上。最早 F3 的销售，就是由夏治冰设计出了这个后来比亚迪多次使用的分站上市的精准营销。王传福说："比亚迪在营销上创新最典型的例子是精准营销，体现在两个层面上。首先在产品层面上，F3 这款车型是以细分目标市场为前提的，体现出精准的特点。1.6L－2.0L 排量的中级家庭轿车市场是一个非常具有潜力的市场，比亚迪成功地预估到这一细分市场的潜力。"

"其次，从营销层面来说，比亚迪采取精准营销模式，展现了互动和有效的推广策略。比亚迪这次营销活动的一个显著特点就是在时空上采取有差异的营销推广。一方面是根据不同地区消费者的需求特征制订策略，同时衡量当地是否具备完善的服务条件；另一方面，也让各个地区的消费者参与到了整个营销活动中。F3 从 2005 年 9 月上市开始就保持热销，2006 年全年销量突破 6 万辆，2007 年一月份销售就突破 10000 辆。"

2. 不耻模仿

比亚迪锐意创新，但是难能可贵的是比亚迪也不耻模仿。乍一看，这似乎有点矛盾。为此有的网友批评比亚迪说："比亚迪天天叫嚷着要创新，却经常模仿外国企业。"

比亚迪一开始就是以一个模仿者的面目出现的。比亚迪的很多技术都是模仿日本的电池企业。在电池领域，比亚迪与索尼等日本企业进行了长期竞争，从开始的模仿，到目前已经在众多领域超越日本，比亚迪走的是一条从模仿到超越的路。

在手机代工领域，比亚迪不断从富士康挖人，这些专业人员进入比亚迪后，都居于核心职位。也就是说比亚迪在手机代工领域的发展路径主要是在模仿富士康，这也让富士康方面愤愤不平，郭台铭甚至借机发难，状告比亚迪。

比亚迪做手机代工虽然是从模仿富士康开始的。但是越到后来，王传福越自信比亚迪的技术实力已经超过富士康。王传福分析说："我们现在在整个技术上比他强，因为我的技术领域比他多得多，他仅仅是一个模具加一个 EMS（电子制造服务），我们有电池，有汽车，汽车里面有多少个技术，从大型模具到发动机技术，到压缩技术、空调技术都有，这些他全都没有，包括一些表面装饰的技术、喷漆的技术他都没有。这两个产业实际上是互通的，这种技术拿过来以后，就是你的优势。实际说 1+1 不止大于 2，有的时候做得好能大于 20。无限的创新就从整合当中创新。"

在汽车领域，比亚迪也是从模仿开始的。具体说来，比亚迪造车从拆车始。2004 年初，汽车专家廉玉波加盟比亚迪，随后在上海交大等学校招了几十个刚毕业的大学生，购置了一些设备，就在上海组建比亚迪汽车的研发中心。为了让这些刚毕业的大学生了解汽车，王传福一下子买了几十辆新车，从国产的经济型车到纯进口的高档车，都交给技术人员拆解。

在进入真正的造车阶段以后，比亚迪瞄准了丰田，开始以丰田为模仿对象。

丰田是全球最大的汽车公司之一，创立于 1933 年。与王传福一样，丰田公司的创始人丰田喜一郎也是学技术出身，毕业于东京帝国大学工学部机械专业。所以比亚迪与丰田都很重视技术，重视技术创新。

1929 年底，丰田喜一郎远赴欧洲，亲身考察了欧美的汽车工业。1933 年，在"丰田自动织布机制造所"设立了汽车部。当时丰田喜一郎的同学隈部一雄从德国给他买回一辆德国 DKW 牌前轮驱动汽车。于是丰田喜一郎与他的工程师也从拆解开始，反复思索。经过两年的拆装研究，丰田喜一郎终于在 1935 年 8 月造出了一辆 GI 牌汽车。该车是二冲程双缸，木制车身，车顶用皮革缝制。可以说，丰田造汽车也是从模仿开始的。

作为曾经的后起者，在进入汽车业的初期，丰田坚守了一个信条：模仿比创造更简单，首先必须生产安全、经济的汽车，而不是创新性的产品，因为这些更符合大众对汽车最基本的需求。

比亚迪模仿丰田可以说是明目张胆，其主打车型 F3 和第九代花冠超过 90% 的外观相似度，令人叹为观止。最早 F3 在广州车展一亮相，就引起丰田公司的注意,很多人担心丰田要告比亚迪,后来也不了了之。F3 和丰田花冠真是非常相似。有个流传很广的笑话嘲笑比亚迪,说别看比亚迪的总部设在深圳,但是深圳的出租车没有一辆比亚迪 F3。有人不解,就去询问出租车司机。原来他们都购买比亚迪 F3 后,都把比亚迪的车标换上了丰田花冠。

比亚迪自主品牌汽车对国外汽车的模仿愈演愈烈。从 F3 与花冠的形似,到 F3－R 与上海通用凯越 HRV 的相仿,再到 F6 的凯越雅阁混合体,比亚迪每一款车都会选取一个他认为最好的竞争对手的平台,然后在此基础上进行产品模仿。

比亚迪方面也不回避外界的质疑。例如在谈到业界指责比亚迪的数款热销新车在车身设计上抄袭了丰田等跨国车型的设计时,廉玉波说:"如果我们不广泛借鉴国际汽车界在汽车研发和技术上所取得的成果,我们不可能在这么短的时间内开发出这么多的车型。"

而王传福也明确表示,比亚迪是模仿而不是抄袭。他分析认为,20 世纪 60 年代以来,日韩汽车企业快速崛起,其发展轨迹可以总结为三个阶段:20 世纪 60 年代至 80 年代,主要是"Copy"(模仿)别的公司的产品,1980 年代才在别人产品的基础上作一些改进,而 90 年代日韩企业才真正走自主设计之路。王传福认为,中国的本土汽车品牌也必须经过"日韩模式"的三个阶段。

王传福说:"一种新产品的开发,实际上 60% 来自公开文献,30% 来自现成样品,另外 5% 来自原材料等因素,自身的研究实际上只有 5% 左右。"因此比亚迪不耻于模仿竞争对手。模仿,让比亚迪更快地走上自主创新之路。

3. 善打专利战

在模仿与创新之间,专利是个大问题。不管是模仿,还是创新,都必须闯过专利这关。而比亚迪无疑在处理知识产权问题上很值得其他企业学习。

"2004年、2005年的时候我们投资了很多技术,很多企业家投资了很多房产,当然他们最后也赚了很多钱,但我们的理念不一样,我们一定要把这些钱投到技术上去。我们公司去年有1200个专利(每年申报的专利),华为大概有3000多个,我是他的1/3。我们在全国的专利排名第7位。我们不仅重视保护自己的专利,也研究如何攻破对手的专利壁垒。"王传福对专利权的重视无以复加。

而在比亚迪的发展过程中,它的每一个劲敌几乎都曾向它发起过专利战,索尼、三洋、富士康无不如此。不论官司是发生在本土还是异国,比亚迪每次都是正面迎战,从不回避,并一直保持不败。

一个在王传福看来最为经典的案例是,2005年比亚迪在日本东京让索尼败诉。2003年7月,索尼向东京地方法院递交起诉状,指控比亚迪侵犯其两项锂电池专利。比亚迪积极迎战,在40天中整理相关证据38份,否认侵犯索尼专利,而索尼提交的所有材料和证据只有6份。经过几个月的调查,东京地方法院宣布索尼专利无效,索尼不服,再度上诉,以失败告终。

王传福认为,一家技术型企业的崛起必然要站在巨人的肩膀上,在继承的基础上进行创新。因此合法地规避已有专利,突破西方企业的专利封锁是极为关键的一步。这一点,在比亚迪推出的汽车产品上极为明显。比亚迪F3之所以成为中国最快突破10万台销量的自主品牌车型,一个重要原因是F3的外型与丰田的畅销车型花冠极为相似。

这种模仿行为同王传福对汽车设计的基本思想很有关系。"坦白讲,我们不会从头设计一部车。汽车发展到今天已经有100多年的历史,四个轮子一个外壳,任何一部车都难免和别人有一些相似的元素。"王传福说,"一款新产品的开发,60%来自公开文献,30%来自现成样品,自身的研究实际上只有5%左右。我们大量使用非专利的技术,把专利技术剔除掉,非专利技术的组合就是我们的创新。专利需要尊重,但可以回避。"

在王传福看来，汽车产业是一个已经发展了100多年的传统产业，汽车上所用的技术，90%以上是共知技术，或者称通用技术，而专利技术大约只占3%，而在专利技术中有很大一部分是外观的设计专利，而且按照国际专利法的通行规则，一项专利只有17年的保护期，过后就自动解密，所以比亚迪在技术上可以理直气壮地采取拿来主义，大胆地使用非专利技术，同时规避专利技术，这是后来者缩短开发周期的有效手段。

在多年的实践中王传福发现，只要比亚迪能在原有的专利基础上再改进，就算是自行研发的技术。靠这个方法，比亚迪不但突破索尼的专利技术网，还在中国申请了大量专利，挑战索尼成功后，比亚迪更大胆地挑战日本的丰田汽车。

比亚迪用在电池领域回避专利壁垒的方法，从丰田身上吸取制造汽车的技术。比亚迪破解丰田专利保护的方法，就是一条一条的检视，分析对手的专利。如果一辆汽车的外观专利有五幅照片，前面、后面、侧面、正上方和斜上方，这五张照片全都一模一样，那就可能侵权，但只要有一幅照片风格完全不同，其他的设计一样就不算侵权，这就是王传福的逻辑。

事实证明这种规避方法非常有效。众所周知，F3在外观上模仿了丰田花冠，对此，王传福和比亚迪的高层也从未公开否认过。但是，F3从2005年9月上市至今，却没有听到过丰田对比亚迪F3有过知识产权的任何起诉，显然这就是由于比亚迪已经将侵犯丰田专利的风险规避掉了。王传福说："有专利的东西我们都不碰，实在避不开也要想办法给它规避掉。"所以尽管F3很像花冠，但是它在前脸、后尾灯等多个地方还是进行了新的设计处理，让丰田不容易抓到把柄。

比亚迪能够顺利规避知识产权的风险，也源自比亚迪对知识产权的重视。在比亚迪内部，有一个多达上百人的知识产权部，它的一个重要职责就是对比亚迪的各个产品事业部进行监督，随时提出哪些技术是别人的专利，必须规避。这一百多人中，有五十多人专门面向汽车产品。"我们每年要拆很多车，如果想用一种技术，先看有没有专利，有就调整、规避掉，没有就拿来用。"廉玉波说，"我们甚至做好了打官司的准备，而且100%不会让对手赢。"

学会打专利战是每一个技术型企业成长的必修课。如果回看亚洲成功企业的历史，无论是丰田、本田，还是索尼、三星，都是一步步从技术模仿者出发，采取破坏式创新策略，走向技术领先者，再到品牌成功者。

二、比亚迪的发展模式

1. 相关多元化

谈到比亚迪的发展模式,就不得不提多元化,比亚迪最为鲜明的特征就是多元化。比亚迪最早是做手机电池起家的,在电池业接近天花板之后开始实施多元化战略。经过几年的成功发展,现在的比亚迪拥有手机电池、手机零部件代工、汽车三大产业。应该说比亚迪的多元化战略也是受到中国企业普遍发展模式的影响。

多元化是中国企业界谈的比较多的一个话题。众多的企业实施多元化,比较成功的如新华联。创始于1990年的新华联集团,不断开拓业务领域,什么赚钱就做什么。到今天涉及的业务包括金融、化工、汽车、房产、陶瓷、酒业等众多领域,而且在很多领域都做到全国首列。新华联旗下有47个企业,有3个上市公司,有23000名员工,金六福酒、通化葡萄酒、香格里拉葡萄酒都是它的品牌,在酒业板块2006年就做到35亿。

按照新华联总裁傅军的看法,实施多元化战略有五大好处,能有效分散金融风险,能够充分整合内部的优势,能够抓到更多的商机等等。傅军认为,国际上成功的多元化企业不胜枚举,世界500强有一半以上的企业是在三个、四个产业里发展。中国的民营企业做得不错的60%是多元化,40%是专业化。

应该说,傅军的看法代表了很大一部分企业家的看法,所以在中国企业界多元化是常见的战略。例如家电巨头海尔近年来也热衷"不相关多元化"策略。海尔最初以冰箱业务起家,核心业务集中在家电领域,如空调、冰箱、洗衣机等。海尔近几年又进军彩电、电脑、手机、生物制药,甚至房地产与金融等领域。2007年1月,青岛海尔洲际酒店的开张标志着海尔高调进入酒店业。2007年8月,海尔又斥巨资进入青岛的房地产行业。

但是成也萧何,败也萧何,很多企业发展壮大是因为实施多元化战略,而失败也是因为实施多元化战略。数据显示,中国中小企业的平均寿命只有2.9年。其中,许多中小企业的失败缘于不相关的多元化经营。

按照与核心业务的关联程度,多元化可以区分为相关多元化和非相关多元化。所谓相关多元化是指建立在共同的市场、渠道、生产、技术、采购、信息、人才等方面,相关业务之间的价值活动能够共享。而非相关多元化则只是在管理、品牌、商誉等方面的共享。

对企业而言,相关多元化容易成功,因为企业的竞争优势可以扩展到临近领域,实现资源转移和共享,使得企业在新行业易于站稳脚跟,发展壮大。

而当企业选择非相关多元化经营,其失败的几率非常大。实践中,中小企业由于走非相关多元化道路而失败的例子不胜枚举。例如,广东一家保健品行业起家的公司,它在1994年销售额达到13亿元时开始混合多元化经营,连续上了23个新项目,前后开办了20多个企业,广泛进入饮食业、化妆品、广告、电脑销售、文化体育等行业,到1997年时竟亏损1.59亿元。又如人们熟知的巨人集团总裁史玉柱,他反省自己失败的四大失误之一,就是盲目追求多元化经营。巨人大厦的建设导致财务危机,几乎拖垮了整个公司。

此外,多元化战略常常会分散企业的资源,从而影响企业主业的深度经营。一度是中国冰柜大王的家电制造企业澳柯玛从2002年起进军新能源、海洋生物、光电子、金融等多个非关联领域,由于新行业的投资周期长，造成企业的资金链断裂。白云山制药公司从 1993 年采取不相关多元化，经营范围涉及商业、房地产、证券等十几种，占有了大量资金和资源，结果造成制药主业衰败。

时至今日，比亚迪的多元化战略是成功的，而且可以清晰地看出比亚迪的多元化是属于易于成功的相关多元化。虽然在比亚迪走出多元化最关键一步棋的时候，它的多元化被外界认为是非相关多元化，由此也引起了轩然大波。

比亚迪成立于 1995 年，先后致力于镍镉电池、镍氢电池、锂电池的开发，从一个二十多人的小厂，仅仅用了六七年的工夫，就在电池领域做到世界前三的位置。此后 2003 年比亚迪开始向手机代工领域拓展。手机电池与手机零部件本来就是很接近的领域，其客户也是诺基亚、摩托罗拉等同一批。所以比亚迪的这次多元化步骤是一次典型的相关多元化，比亚迪也轻易就做成功了。

大约在进入手机代工领域的同时，比亚迪总裁王传福灵光一闪，突然收购秦川汽车。王传福要做汽车了，这在当时是一个爆炸性的消息。大家都不理解，电池与汽车是相隔如此之远的两个领域。王传福强行进入，会不会一败涂地呢？很多人都在质疑王传福，尤其是他的投资人，所以比亚迪要造汽车的消息一经传出，比亚迪就迎来了基金的洗仓。

但是王传福却在手机与汽车这两个貌似非相关的领域找到了两个契合点。

第一个契合点就是模具。王传福发现做手机模具与做汽车模具很类似，只不过是大小不同。后来有人问王传福，在进入汽车领域的时候，是不是没有任何准备。王传福强调，汽车模具与手机模具是相通的，因此不能说比亚迪对造车没有任何经验。而且王传福参观日本汽车模具厂，发现模具是不能用机器人自动加工的，必须靠人工。王传福大喜过望，他后来感叹："如果做模具全靠人工，中国不知要比日本的便宜多少。"

所以比亚迪在收购秦川汽车厂之后，就收购了北京吉驰模具厂，王传福要打造"模具长腿"。后来事实证明，王传福做到了。比亚迪不仅仅为自己的车型设计模具，而且也为通用等国际大汽车公司设计。

第二个契合点就是车用电池。在比亚迪入主秦川的时候，普遍认为电动车暂时是不现实的，所以王传福改行造车的消息，让分析人士无从捉摸。"王传福不会是疯了吧？"有人甚至这样说。但王传福自始至终都在强调电动车，比亚迪真正要做的是电动车，入主秦川是看中了秦川汽车的平台。直到比亚迪开发出"铁电池"，甚至吸引了美国头号投资家股神巴菲特的入股，这才让人一震，比亚迪造车的战略目的才清晰地展露出来。显然比亚迪是把它在电池制造上的优势嫁接到了汽车上。

后来有人问夏治冰，比亚迪当初选择进入电动车领域的原因是什么。夏治冰回答说："一是比亚迪在实施多元化战略的同时，选择了汽车产业作为比亚迪打造百年名企、树立世界知名品牌的一个产业，传统燃油车的平台要快速建设完善，这一点我们已经达到了。二是比亚迪在动力电池领域的领先技术，镍电池、锂电池的市场占有率都位于全球领先地位，这种技术嫁接在汽车平台上，具有其他厂家无可比拟的优势，因此进军新能源汽车，比亚迪有绝对的信心。"

夏治冰的这段解释，用王传福的话来总结就是"全世界既能造电池，又能造汽车的就只有比亚迪一家了"。

事实证明，比亚迪的多元化战略是成功的。王传福在比亚迪电池产业蓬勃发展的时候，已经开始谋划未来手机电池业务可能遭遇瓶颈，于是果断地实施多元化战略，为比亚迪开拓新的增长点。

王传福回忆说："2004年、2005年的时候我们投资了很多技术，很多企业家投资了很多房产，当然他们最后也赚了很多钱，但我们的理念不一样，我们一定要把这些钱投到技术上去。"王传福与那些进入房地产行业的投资者不同，王传福不是单纯看利润，他热爱制造行业，热爱技术，所以在实施多元化的时候，继续比亚迪的技术路线，要发挥比亚迪的技术优势。

谈到为什么比亚迪做多元化,最后取得了成功。王传福认为是因为比亚迪重视技术,重视创新。王传福说:"别人做多元化,90%以失败而告终,为什么比亚迪干一个成一个?因为我们过度地重视技术,反而觉得技术是很容易的事。"

2. 垂直整合

什么是制造企业的命门?王传福认为是一种自上而下的垂直整合能力。"垂直整合"是比亚迪内部经常要提到的一种企业发展模式。那么什么是垂直整合。

在生产过程中,一个产品从原料到成品,最后到消费者手中要经过许多阶段。如果一家公司原本负责某一阶段,当公司开始生产过去由其供货商供应的原料,或当公司开始生产过去由其所生产原料制成的产品时,就是垂直整合。以比亚迪来说,比亚迪最早生产手机电池,后来又进入手机零部件生产领域,这就是垂直整合。

垂直整合可以说是一种提高或降低公司对于其投入和产出分配控制水平的方法,垂直整合有两种类型:后向整合(Backward Integration)与前向整合(Forward Integration)。一个公司对于其生产投入的控制被称之为后向整合。对其产出分配的控制则被称之为前向整合。

垂直整合意味着公司的价值链与其供应商、经销商价值链之间的整合水平。如果公司将其供应商或经销商的价值链整合进自己的价值链中,则被称之为完全垂直整合(Full Vertical Integration)。这种情况发生在公司力图扩展经营,收购了供应商或经销商的时候。这种所谓的扩展经营,即公司意欲进入传统上由供应商或经销商经营的领域。

另一种程度较低的垂直整合为供应链优化(Supply Chain Optimization),也被称之为供应链规划(Supply Chain Planning)。这种整合情况发生在公司与其供应商、经销商(顾客)交换物流信息的时候。

全世界的企业使用垂直整合有一个发展史,各个时期的战略动因也不尽相同。19世纪,公司运用垂直整合以扩大经营规模,垂直整合是一种变相的多元化。20世纪中叶,垂直整合的用途主要体现在稳定关键生产原料的供给,尤其是供应商过于强大,这时的垂直整合就是为了减少总成本。

随后,在20世纪末,各个行业的竞争加剧。大公司纷纷重组,降低垂直整合水平,纷纷将原有产业外包给其他企业来做。在这个过程中,信息与通信技术的快速发展与广泛运用也促成了垂直整合的土崩瓦解,因为市场不同主体之间的交易、沟通成本由于这些技术的应用大幅降低。与垂直整合相比,公司间的交易成本更低。

所以当比亚迪大力提倡垂直整合,王传福实际上是逆国外跨国公司的潮流而动。不过也有一些大企业依然在大张旗鼓地进行垂直整合,例如韩国的三星公司。以1998年亚洲金融危机为契机,三星决定集中精力发展优势业务,押宝"数字文艺复兴",以此为基调,垂直整合战略应运而生。在此战略下,三星的上游产品半导体和LCD得以快速发展并迅速占领全球领先地位。由于半导体和LCD生产的固定成本极高,对市场进入形成一道天然屏障,保证了三星的市场占有率。

三星的垂直整合战略具体来说就是以下游高成长性、高附加值产品作为公司产品组合的主要部分,如:数位电视、显示器、笔记本、手机、存储器等,以此为基调开发上游产品共有的核心技术并达到领先地位,从而实现产品组合的技术领先,并达到全方位控制和降低成本的目的,这些核心技术包括:半导体组件、大屏幕液晶显示器、显示驱动程序、芯片组以及移动电话技术等。

三星的垂直整合一度进行得比较顺利,因其优异表现成为业界效仿的对象。著名经济学家郎咸平对之赞赏有加,多次撰文分析。

王传福认为垂直整合能力是比亚迪的核心技术。这种能力是那些全球看起来很庞大的EMS(电子制造服务)企业所不具备的。如果把一个手机的生产分为三个部分，最顶端是设计，中间是组装，最下端是各种零部件的生产制造，那么绝大部分的美国、新加坡、中国内地和中国台湾的EMS企业多年来只从事中间环节，即整机的组装，大部分零部件要通过采购获得，而每家零部件供应商的利润是必须加以保证的。设计方案也依赖于厂家提供。

比亚迪最早是做电池，从镍镉电池，镍氢电池，然后做锂电池。在做电池的时期，比亚迪就开始尝试垂直整合，当时是为了控制原料成本。

原料构成了电池的主要成本，其他厂家与供应商往往只是买卖关系。为了进一步降低成本，比亚迪与原料供应商形成了极为密切的联系，甚至直接介入供应商的材料开发环节，共同制定降低成本的方案。如镍镉电池需用大量的负极制造材料，如果选用性能较好的国外材料，成本极高。比亚迪与深圳的一家供应商合作测试国外产品，明确了国内外负极材料之间的品质差距，制订了提高国产材料品质的详细办法，终于使国产负极材料达到国际品质要求，同时较国外产品成本低40%。由于负极材料应用极广，比亚迪仅此一项，一年就可以节省数千万元。

随后比亚迪又进入手机代工领域，此时比亚迪的垂直整合战略更为明显。比亚迪从手机零部件做起，逐步自下而上进入手机组装和设计的环节。如今，像诺基亚这样的客户只需要提出要求，比亚迪就能提供从方案设计到最终生产的完全一站式ODM（原始设计制造）服务。"代工只是我们的一种服务，背后我们卖的是我们的零部件，卖我们的技术。"王传福解释说。

王传福认为，在这套垂直整合战略中，最核心的其实是研发设计，而这也正是比亚迪上万名工程师的任务所在。只有研发设计好了，才可能使生产过程中的变量降低到最小。"一个产品的质量分为两部分，就像人一样，一部分是先天的基因，一部分是后天的培养。如果先天设计不好，怎么造也是造不好的。制造工艺弥补不了设计缺陷，实际上产品70%-80%

来源于他的设计，20%–30%来源于他的制造。设计得好，70%–80%的品质就保证了，制造上也要把它造好。"在王传福看来，无论汽车还是手机，都是设计占主体，决定了70%甚至更高的品质。

比亚迪在汽车产业链上的垂直整合更有典型意义。王传福认为，比亚迪汽车产业的战略和战术，与国际通常的做法完全不同，甚至说是一种碰撞。国际汽车产业讲究专业分工，讲究小而精，比亚迪讲究的是垂直整合，大而全。

一般车企尽可能高比例地对外采购装车零部件，以便强化生产效率和分散投资风险。国外车企甚至开始把传统自干的"四大工艺"中的冲压和涂装都分包出去，对代工模式习以为常。车企的生产和商务运作所能退到的最后底线只是掌握车型研发、品牌和渠道。

比亚迪却反其道而行之，陆续培植垂直的供应链体系，把一级供应商到三级供应商的许多"活儿"都自己干了，从模具加工延伸到内饰乃至漆料的自制，自成产业链体系，配套成龙。原先国内许多国有大型车企所尝试过的垂直配套体系基本都以失败告终，美国的通用和福特最终也不得不把自身的零部件集团分割出去了事。但例外是日本丰田系和韩国现代起亚系的配套企业群体都和主机厂有着资本的纽带，较欧美主机厂具有更加垂直和更具竞争力供应链体系。

王传福说："我们造汽车和别人不一样，我们什么零部件都造。别人是专业化分工，我们是大而全。这就是比亚迪在战略上的一个创新。"比亚迪汽车至少70%的零部件由公司内部的事业部生产，以比亚迪F3、F6或F0为例，其零部件除了轮胎，挡风玻璃和少数通用件之外，几乎全部自己生产，包括转向、减震、线束、散热器、冷凝器、座椅、刹车、车门、雨刷，甚至CD和DVD等等。比亚迪的垂直整合甚至包括模具、夹具、喷涂、测试和组装生产线设备的制作。

这样一个垂直整合，带来的就是制造成本的降低。如果比亚迪需要向其他零配件生产企业购买零配件，其中的运输费也是非常可观的。但通过垂直整合，可以直接将零配件从一个车间运到另一个车间，甚至连运输费都省了。通过 F3 的各种表现，已经证明了这种打法的竞争力。随着垂直整合优势的进一步爆发，比亚迪的后续优势越来越明显。王传福说："我们的内饰件、前后保险杠等一些加起来也就 2000 多元，而且效率非常高，我们的保险杠做好后直接运到组装车间，装上车的时候还热着，而一般企业仅保险杠的包装费和运输费就非常可观。"王传福总结说："这个差价就是利润，就是竞争力，滚烫的竞争力。"

在王传福看来汽车业的垂直整合还有利于技术创新，因此王传福也将垂直整合策略形容为"滚烫的竞争力"。比亚迪在技术上既有跨度又有深度，掌握着很多领域的核心技术，更关键的是在每个大的领域研究都较深入。"以汽车业来说，我们在整车设计、汽车模具、发动机、底盘、各类内饰件、车载电子等领域都有很深的研究，这些核心技术的掌握就是我们搞垂直整合战略的基础，是实现战略目标的基本保障，是我们攻城拔寨的常规武器。"

王传福分析说："我们 F3DM 双模电动车的所有生产设备都是比亚迪自己设计制造的，这和日本工厂不一样，它们所有的设备都是采购，因此会比我们落后很多年。"

王传福的分析是有道理的。例如在电池制造上，传统的电池企业要生产动力电池，就必须把设备厂商聚集起来商量，等设备商明白需求并研究出来新的设备以后，工厂再进行采购用于生产，整个周期至少要耽误 2-3 年时间，或者说技术将落后 2-3 年。

在汽车制造上更是这样，汽车模具是汽车制造中一个非常重要的部分，现代的汽车越来越讲究外形的美观。如果将模具业务外包给别的模具企业来做，那么新车开发就会变得很麻烦，必须不断与模具企业沟通。而比亚迪自己建有汽车模具厂，这样比亚迪的新车开发就变得非常快捷，将汽车模具重新设计，几个月就能开发出一款新车。有了汽车模具开发的基础，王传福甚至说出了"像手机换壳一样换车壳"这样的豪言。

总之，比亚迪的垂直整合，不仅可以保证整车和零部件的开发作为整体同时进行，而且在保证同等品质要求的前提下比外购部件在价格上更为低廉，凸显竞争力，比亚迪产品的成本之低是国有、合资和其他自主品牌车企所无法做到的。传统车企即使连续每年压低外部供应商的采购价格但却永远难以反映供应商成本改善绩效。

三、袋鼠理论

1. 长腿

经过十多年的发展，比亚迪公司有了一定的底蕴。比亚迪有关部门对公司发展历程进行了反思和总结，得出了"袋鼠理论"。所谓袋鼠理论，也可以称为袋鼠模式，或者袋鼠文化。为什么叫"袋鼠理论"呢？比亚迪汽车销售公司总经理夏治冰认为，袋鼠有三个特征，分别是：长腿、育袋和自我奔跑。

夏治冰解释说："近来，很多企业都在倡导、学习狼性法则，而我们更秉承袋鼠模式。"例如与比亚迪同在深圳的老大哥华为，就是狼文化的主要倡导者。这是因为狼有三种习性被华为人利用。一是嗜血，反映出对市场信息的敏感性；二是耐寒，反映出百折不挠进取精神和不畏艰难的意志；三是结群，反映出团队合作的精神。

华为的狼文化其实也受到不少批评，完全从适者生存角度，从丛林法则角度来看问题有时候也过于偏激。

比亚迪借鉴了华为的狼文化，注重把握袋鼠文化与狼文化之间的区别。夏治冰分析说："首先，狼隐含燥性，而袋鼠则更稳健。通过踏实地打造自己的长腿，袋鼠起跳得高且远；其次，相比较狼的凶猛，袋鼠则通过育袋，稳妥地培养小袋鼠（新的产业或者产品），并由此达到了企业的发展与传承；最后，狼更强调对竞争对手的进攻，而袋鼠则习惯自我赛跑。在自己的跑道上，通过自我完善与进步，快速拉开与竞争对手的距离。"

按照袋鼠模式，袋鼠之所以跑得快就是由于袋鼠的大长腿。比亚迪奉行袋鼠模式，那就必须打造自己的长腿。"在任何一个行业，都有一个胜利的关键因素，就像袋鼠的长腿。有了这个长腿，你就会跳得高远而稳健。"夏治冰表示。

事实也正是如此，十多年来，比亚迪以自主创新为核心竞争力，在产品的差异化等方面构建起了企业的长腿。比亚迪的"袋鼠模式"已经显示了持续发展的后劲，技术、产品、管理的"长腿"有力地支撑了比亚迪的发展。

在众多"长腿"中，技术无疑是比亚迪最为关键的一条"长腿"。用夏治冰的话说，一个企业如果没有核心技术，就等于没有了奔跑的"长腿"，注定无法跑快、走远。"因为企业不能永远买技术，也不是什么技术都能买到，所以多年来比亚迪一直坚持研发核心技术。"

1995年，比亚迪公司成立后，凭借着对IT及电子零部件技术的通晓，将昂贵的生产线分解为半自动化半人工化流水线，在效率和成本上取得了先机；后来，通过进一步研发，比亚迪掌握了锂电池及手机零部件的核心技术，为企业快速发展打造了一双善于奔跑的"长腿"。

比亚迪一贯重视技术，每年的专利创新都排在国内前沿，技术能力突出使比亚迪在整合、吸收、消化、自主创新的道路上阔步向前。自创立以来，比亚迪高度重视自主研发能力，每年在电池及手机零部件制造等产业投入几百万元；汽车产业方面投入更大，公司研发中心汇集了3000多名优秀的工程师，60%的生产设备实现了自主研发。迄今为止，比亚迪已经累计申请专利1500多项。

比亚迪是做电池起家的，不断的寻求多元化发展，甚至电子研发成为比亚迪的特长，这一点在9.98万元的旗舰型F3身上表现得尤其突出：整车的GPS卫星定位系统全由比亚迪自主研发。在IT行业的精细化也被移植，F3的内饰，做工也是极其细致的。

夏治冰介绍说："我们始终认为，坚持自主研发、掌握核心技术，是比亚迪获得快速奔跑能力的关键，这方面虽然投入数额巨大，但也从中得到丰厚的回报。"

在技术长腿之外，比亚迪也精心打造模具长腿。比亚迪不愿在核心技术上受制于人。2003年，比亚迪收购秦川汽车几个月后做了一件很重要的事，就是收购了北汽集团下属的北京吉驰模具厂。经过几年的发展，比亚迪的这个模具厂成长为亚洲最大的模具中心，为整车制造奠定了基础，也使得比亚迪的新车开发变得方便快捷。现在比亚迪开发一款车型模具的费用降到同行的1/3。

有个故事说，当F3首次在广州车展亮相的时候，立刻吸引了业界的专家，其中包括来自英国罗孚的技术专家。当英国罗孚的技术专家发现F3整个无焊一体的侧围是由整块钢板冲压成型的时候，赞叹不已，不久就将其产业上游的模具生产订单交给了比亚迪。此外，比亚迪还为美国通用、克莱斯勒等国际巨头生产汽车模具。

王传福对比亚迪的模具技术非常自信，在2006年的一次演讲中，王传福自信地说："我们比亚迪整车的模具的水平都是相当高的，尼桑在美国看了一圈后才发现比亚迪是在模具这方面有非常大的优势。尼桑来比亚迪一看，我们产品是日本的品质，中国的成本。最近克莱斯勒在中国找做模具的，比亚迪排名第一，一汽才排名第二。"王传福的自豪溢于言表。

另外比亚迪的长腿还包括位于上海的检测中心。比亚迪进入汽车业后，先在上海建了一个检测中心，这一"多余之举"应该说是极富远见的。国内有些汽车公司不重视汽车质量的检验，这在国外很受诟病。例如奇瑞旗云在俄罗斯的对撞检测中被撞成一堆废铁，这让奇瑞公司开拓海外市场的努力大受影响。

在进入汽车业后，比亚迪首先考虑的就是先把试验平台打造好，避免出现类似遗憾。为此先后在上海和西安的基地分别建了一条试车跑道，还建设了碰撞、道路模拟、淋雨、高温、综合环境、抗干扰等检测实验室。

F3上市前就在这里做了很多测试，包括对汽车安全性的对撞检测。再如耐久性试验，在车里装上沙袋、石头，24小时在试车场里跑，人歇车不歇,正是这样的笨办法保证了F3的品质,使其成为国产车的主流经典。

2. 育袋和自我奔跑

按照比亚迪方面对袋鼠模式的解释,在长腿之外,袋鼠模式另一个要点是育袋能力。

在2002年,随着在中国香港上市的最终完成,比亚迪登临电池行业巅峰,在电池领域坐稳了前三。这时比亚迪的电池产业其实已经接近天花板,进行大规模产业布局的转移与调整成为比亚迪的必然选择。

于是比亚迪选择从电池领域向汽车领域扩张,这是一种从低门槛行业向高门槛行业的逆向扩张,存在很大的局限和风险,以至当初比亚迪收购西安秦川之时,股价狂跌20%,但最后比亚迪成功了。

为什么别人失败而比亚迪可以成功?按照袋鼠理论,因为比亚迪具有超强的育袋能力。在电池领域多年积累所形成的生产资料、核心技术、市场营销、资金储备、企业管理等,这些庞大的资源形成了比亚迪超强的"育袋"功能,帮助、保护新的产业(产品)茁壮、健康地成长。

比亚迪选择汽车行业看似天马行空,实际上是形散神不散,整个产业链各项业务之间可以发生聚合效应。日本汽车的崛起与电子器件在汽车中的广泛应用有很大的关系,装在他们汽车上的电控系统能安全可靠的运转。同样,在电子部件、模具、车载电池等领域的领先优势,使比亚迪可以先握住某些具备核心竞争力的零件,再组成整车的集成优势,造就了一般民企无法超越的制高点。

夏治冰认为,无论是哪一种模式,都需要资源的传承,而不是割裂的,或者断续的。其实,比亚迪的汽车F3就是一只小袋鼠,在培育这一个新产业中,以往的生产管控的经验、导航系统的制造、电动能源的研发、充足资金的投入等等都实现了延续,并应用到造车中,最终形成了卖点或核心力。

总体来说,比亚迪之所以成功进行产业转移,具备几个独特的根基:

其一是在主业方面，建立了绝对的竞争优势，使竞争者难以短期突破，避免了两线作战的后顾之忧，为新产业的成熟赢得了时间，造就一个母体的"保护袋"；其二是在产业布局上，选择了处于发展初期的，未来潜力巨大的行业，可以迅速完成原始积累，不至于陷入持久战的泥潭；其三，区别于国内多数企业，比亚迪一向注重技术研发，使其在新产业领域具备强大的技术储备。

比亚迪袋鼠理论的最后一个要点就是自我奔跑。

夏治冰说："在实际市场打拼中，奔跑速度才是生存和发展的基础，而不是频繁地进攻。通过自我的奔跑，不损失'一兵一卒'就可以甩掉、打击竞争对手，这才是战略的上策。"

自我奔跑，有两点涵义。

第一点，可以用蒙牛的"与自己较劲"来归纳。

"与自己较劲"是蒙牛企业文化的精髓。"与自己较劲"与"与别人较劲"，是两种不同的文化观，前者的着眼点是提升自己，后者的着眼点是遏制对手。一个好的品牌，不是它消灭对手的结果，而是消费者选择的结果。谁为消费者创造了更有价值的产品，消费者就会选择谁。因此，无论出现什么问题，不要怨天尤人，一切原因从自己身上找！牛根生说："当你无数次地'与自己较劲'后，回头再看，'大数定律'的效能就显现出来，你通过改变自己而改变了世界！"

比亚迪十多年的发展历程，一直专注于自我奔跑。不断去提高企业的创新能力，不断去吸引人才，不断去开拓新领域。

第二点，就是讲求速度。

数字化时代，当企业的发展速度低于社会平均发展速度或竞争对手的发展速度时，企业的未来将会面临众多挑战。

2007年8月9日，比亚迪集团总裁王传福在比亚迪F6下线新闻发布会上做了长篇讲话，讲话中他重提深圳速度。王传福说："比亚迪汽车深圳坪山基地初步总投入43亿元。这里将会是中国汽车一个崭新的亮点！将是比亚迪整个集团新的象征。这些数字是比亚迪人用心去拼来的，是比亚迪人用自己的勤奋拼来的，这些使比亚迪汽车在与时间和市场的赛跑中走在了前列，如果说二十年前的深圳速度是中国经济腾飞的基石，我坚信今天我们比亚迪人创造新的深圳速度将加速中国汽车工业的裂变。"王传福强调发展速度让比亚迪取得了优势。

总之，长腿、育袋和自我奔跑，从核心竞争力、产业延展以及市场运行三个层面，构筑了比亚迪的企业文化体系。按照袋鼠理论的要求，比亚迪是一个温和的比亚迪，很少像狼一样咄咄逼人。同时比亚迪又是富于竞争力的比亚迪，比亚迪不懈的奔跑，超强的育袋能力，让比亚迪在世界市场抢尽先机。

第十章

品牌战略

　　企业品牌是企业最核心的竞争力。十多年来，王传福把品牌放在企业发展战略的关键位置，走出了一条卓越的品牌之路，比亚迪立志打造中国的世界名牌。

一、比亚迪的百年品牌

1. 自主品牌

随着行业竞争的加剧，企业品牌的建设已成为企业经营活动中非常重要的一环。国外跨国公司，其优势很大一部分也是品牌。例如可口可乐，它卖的主要就是品牌。可口可乐公司董事长伍德鲁福曾经说过："只要'可口可乐'的品牌在，如果有一天，公司在大火中化为灰烬，那么第二天早上，全世界新闻媒体的头条消息就是各大银行争着向'可口可乐'公司贷款。"确实，只要品牌价值存在，企业就能继续发展下去。

相对于国外企业的重视品牌，目前，我国企业在品牌经营上与国外跨国公司存在很大的差距。在国际市场上，我国商品拥有自己品牌的仅占1/3，另外有1/3没有品牌，有1/3打的是外商品牌。我国企业品牌竞争力弱，造成产品档次低、价格低、附加价值和超额利润低，在国际市场上没有竞争力。因此，我国企业的当务之急应该是在不断提升品牌形象力的基础上，创造和发展自己的知名品牌。

对此，比亚迪董事长王传福有清晰的认识。他认识到培育自主品牌是衡量自主创新的重要标准，是一个企业能否维持下去的重要因素。王传福说："为什么培育自主品牌是衡量自主创新的重要标准呢？因为品牌竞争力已成为国家竞争力的重要体现。能否培育拥有自主知识产权的自主品牌，并使之成长为世界名牌，进而以此为基础使企业成长为世界级公司，已成为衡量我国企业是否具有核心竞争力、能否实现持续发展的重要标志。努力创造拥有自主知识产权的自主品牌并形成自主品牌体系，应该成为我国企业创新发展的目标。"

在进入汽车业之前,比亚迪是做电池以及手机零部件代工,在这些领域比亚迪做得很好,但还谈不上是自主品牌。尤其是手机零部件代工,基本就处于帮诺基亚、摩托罗拉等国外大企业打工的弱势地位。

因此王传福虽然居于行业领先地位,但是也依然觉得不满足,他一定要拥有能与国外一流品牌平起平坐的大品牌。于是2003年,王传福当机立断快速进入汽车制造业,他要打造比亚迪的制造业帝国,打造比亚迪的百年品牌。

作为国内第一家独立收购轿车整车厂的民营企业,比亚迪汽车从2003年组建的第一天起,就确立了自身的产业目标:打造民族的世界级汽车品牌。王传福要的就是由自主品牌带来的核心竞争力。

经过五年的开拓,2008年9月比亚迪首次从奇瑞手中接过了月度销量冠军的锦旗。这也是自主品牌汽车在过去数年中首次出现"城头变换大王旗"的局面。被奇瑞垄断多年的自主品牌月度销量冠军,首次被比亚迪夺去。据中国汽车工业协会的统计数据显示,在9月轿车企业TOP10中,比亚迪首次跻身其中,并以第7排名超过排名第9的奇瑞。比亚迪首次成为自主品牌车企的冠军。其中比亚迪销量为23500辆,而奇瑞则为17997辆。

毫无疑问,奇瑞是自主品牌的一面旗帜。多年来,奇瑞汽车牢牢占据中国民族自主汽车品牌的头把交椅,高立中国民族汽车工业的潮头。这一次被比亚迪迎头赶上,比亚迪也开始"一览众山小"。这一刻比亚迪的品牌效应已经形成了。

从进入汽车制造领域初期的股市风波,到开发的第一款车的无奈被毙,到F3的高调上市,最快突破十万辆,再到F0上市首月就销售突破万辆,到股神巴菲特18亿港元入股比亚迪,再到双模电动车F3DM上市,比亚迪汽车走过了一条由受外界质疑到众星捧月的品牌之路。

在谈及为什么比亚迪自主品牌能够发展态势良好时,夏治冰分析认为,比亚迪一个巨大优势就是在IT产业积累的宝贵经验,这种经验被称为比亚迪的"制造业基因"。这些经验在汽车产业得到了很好的基因传承，这是比亚迪汽车得以快速发展的一个秘诀。比亚迪在平衡两大产业发展时，走出了一条特有的"袋鼠模式"，有别于业界流传的"土狼法则"。比亚迪两大产业的互动发展，证明袋鼠模式是适合比亚迪发展的模式，既稳健又有力，不去过分关注竞争对手，与自己赛跑，从而实现超越；而且袋鼠具有强大的孕育能力，能够保护新产业的发展，这种优势也是其他企业所不可比拟的。

面对比亚迪汽车在市场上的优异表现，王传福骄傲地宣称："自主品牌汽车的路还很长，但我对自主品牌汽车的未来充满信心，汽车是属于中国人的产业。"王传福对中国汽车业的现状很不满，他认为国有汽车企业几十年来碌碌无为是非常可惜的。

王传福在一次演讲中激情洋溢地说："我们在创业中感觉汽车和别的产业不一样，我们带着一颗充满希望的心进入这个产业。从中国的玩具、家电，包括摩托车、手机、IT 产业等都可以看到，中国汽车不应该是这个样子。你看我们的家电、玩具，曾经是一无所有，我们的彩电现在不仅仅是中国的市场，包括国外很多市场都已经霸占了，遭了反倾销的条款。对一个国家用反倾销保护这个产业，说明这个国家的这个产业已经没落了。我觉得汽车一定会创造很多的希望。"

王传福坚信中国汽车的自主品牌一定有崛起的那一天。他说："从合资品牌的一统天下，到合资的强势指导，再到自主品牌的快速成长。自主品牌的亮剑交锋，合资品牌退守高端，到自主品牌挺进高端，这是我们对未来的看法。"

2. 比亚迪品牌之路

回顾比亚迪的品牌之路，比亚迪由最初 20 多人的小厂起步，短短十年时间内迅速成长为 IT 及手机零部件领域的世界级制造企业，成为诺基亚、摩托罗拉等跨国公司的电池和手机零部件供应商。2003 年比亚迪跻身为全球第二大充电电池生产商，打破上世纪初日本电池企业一统天下的局面。

2003 年，比亚迪收购秦川汽车，组建比亚迪汽车。王传福信誓旦旦下半辈子就造汽车。进入汽车行业后，比亚迪汽车首要考虑的就是提高自主研发和技术创新能力，王传福认为这是任何一个汽车制造企业都必须具备的核心竞争力。现在在全国已经有北京、深圳、西安、上海四个产业基地，有三千人的研发团队，十万人的产业大军。比亚迪汽车坚持走国际化线路，全情投入致力于电动汽车和混合动力汽车的研发与生产。

在发展过程中，比亚迪的品牌越来越得到广大厂商和消费者的认可。比亚迪汽车先后获得上海国际汽车展新车大奖、中国工业产品设计之星奖、车坛奥斯卡奖、最佳性价比车型等多项殊荣。这些奖项代表了业内对比亚迪的认可。

让比亚迪品牌增色不少的是 2008 年 9 月股神巴菲特入股比亚迪 18 亿港元这一轰动性事件，可以说这是对比亚迪品牌价值的一次国际认证。王传福说："巴菲特的入股对比亚迪的品牌，尤其是在全球的品牌价值的提升非常重要。巴菲特的公司是非常令人尊敬的公司。而且它的投资也是长期的。有它的投资，比亚迪的电动车，包括新能源产品，在全美的销售、品牌的价值当然就会提升了。"

王传福真是说到了点子上。毕竟普通人赞扬比亚迪一句，不会有什么特殊意义。但如果是具有世界影响力的巴菲特赞扬一句，那就会成为轰动性的大新闻。

毫无疑问，无论是在电池领域、手机代工领域还是汽车领域，比亚迪都已经是当之无愧的国际品牌。"比亚迪"这三个字已经成了金字招牌。2007 年 8 月，王传福喊出激动人心的口号：比亚迪要在 2015 年成为全国第一汽车企业，在 2025 年成为全世界第一！

如果王传福的诺言实现，那么这意味着在十年之内，比亚迪就要成为与丰田、通用、福特这些国际汽车品牌平起平坐的大公司。到那时候比亚迪的品牌就真的是无价之宝了。

比亚迪之父王传福

那么一个国际品牌意味着什么呢？

根据现代营销之父美国学者菲利普·科特勒的品牌理论，品牌至少要向购买者表达出六层涵义：一是属性，表达出产品特定的属性；二是利益，给购买者带来的物质和精神上的利益；三是价值，商品制造商的某种价值感；四是文化，品牌附加或象征的文化；五是个性，和人一样，品牌传达出的与众不同的个性；六是使用者，品牌是购买这种品牌产品群体的代言人。所有这些都表明品牌是个复杂的符号，是一家企业所有历史的浓缩。

"比亚迪"这三个字凝聚了比亚迪人十几年的心血。1993 年，王传福被中国有色金属研究院公派到深圳比格电池公司担任总经理，也许是受"比格"电池公司名称的影响，王传福随后把自己创立的公司取名叫"比亚迪"。有点像外国名字，这从一开始就体现出王传福国际化的野心。

阿里巴巴创始人马云在谈到为什么给自己的公司取名叫"阿里巴巴"的时候说，因为自己想做一家八十年历史的国际化的互联网公司。在取名的时候，就不能太中国化，必须让全世界能够接受。思考了一段时间，马云就想起《一千零一夜》故事里的《阿里巴巴与四十大盗》，于是就给自己的公司取名叫"阿里巴巴"。"阿里巴巴"四个字，体现的是马云力图占据全世界互联网制高点的野心。果不其然，马云创立的 B2C 模式，与雅虎的门户模式，谷歌的搜索模式，亚马逊的 C2C 模式并称为四大互联网商业模式。

王传福又何尝不是如此，他给自己的公司取"比亚迪"这个一点都没有中国特色的名字，正体现了王传福迫不及待地要进入世界市场。王传福要做世界第一，而不仅仅是中国第一。在电池领域，王传福已经做到了。那么在汽车领域，应该也不会让那些关注比亚迪的人失望。

比亚迪的英文缩写 BYD，有一番特别的含意。BYD 有人说是 bring you dollars "带给你美元"的意思，这是看到了比亚迪公司优异的业绩，在电池和汽车领域的所向披靡。而王传福对 BYD 的解释是 bring you dreams "带给你梦想",王传福有他的梦想,这不是财富梦想,而是要用技术来改变世界。用比亚迪的电池技术,把人类带入电动车时代。

对于汽车来说,车标也是非常重要的。车标是汽车生产企业的品牌形象标志,它蕴含着企业文化和品牌内涵,是企业的灵魂。例如大众的两个W车标,奥迪的四环车标,这都让人一看就能记忆犹新。

反观大多数国内汽车企业的标识设计,则是理念老化,以图解式为主,往往过于强调企业的名称、个性特征,与消费者的距离较远。这样陈旧的车标很难树立国产汽车国际化的品牌形象,体现简单、亲和、时代感的国际潮流。所以,近些年,为了适应市场发展和竞争的需要,国内自主品牌掀起了换标的风潮。从2006年初开始,江淮、长安、海马等中国自主品牌汽车悄悄换下了老车标,各自启用了内涵更为丰富、更有创意的新的标识设计。

比亚迪当然也不甘落后,为了提升品牌价值,走向国际市场,比亚迪汽车也要设计出让人过目不忘的车标。此前比亚迪蓝白相间的LOGO一直被认为抄袭了宝马的LOGO。这倒符合比亚迪一贯喜欢模仿国际品牌的风格。后来考虑种种原因,2007年10月比亚迪汽车推出了新车标。新车标不再沿用原有的蓝白相间色,图案改为椭圆形状,中间就是比亚迪的缩写BYD,并加入了光影元素。字体的排列、图形的颜色都发生了巨大变化。突出了比亚迪汽车创新、科技的企业文化精髓,给比亚迪品牌注入了新的内涵和活力。

二、比亚迪的品牌战略

1. 国际化战略

中国加入WTO以后,国际化愈加成为中国企业发展中无法绕过的门槛。比亚迪要塑造百年品牌,其中一个重要的方面就是要实施国际化战略。比亚迪必须走出去,在世界市场上叱咤风云。不能如某些"窝里横"企业,内战内行,外战外行。这一点比亚迪的同城老大哥华为与中兴就做得比较好。比亚迪的国际化战略也更多的需要向他们学习。

以华为为例,华为的海外战略最初主要是面向发展中国家,重点是市场规模相对较大的俄罗斯和南美地区。1997年4月华为在俄罗斯建立了合资公司贝托-华为,这家公司由俄罗斯贝托康采恩、俄罗斯电信公司和华为三家合资成立,以本地化模式开拓市场。2001年,在俄罗斯市场销售额超过1亿美元,2003年在独联体国家的销售额超过3亿美元,位居独联体市场国际大型设备供应商的前列。而南美市场的开拓并不顺利,虽然1997年就在巴西建立了合资企业,但由于南美地区经济环境的持续恶化以及北美电信巨头长期形成的稳定市场地位,一直到2003年,华为在该地区的销售额还不到1亿美元。

2000年之后,华为开始在其他地区全面拓展,包括泰国、新加坡、马来西亚等东南亚市场以及中东、非洲等区域市场。特别是在华人比较集中的泰国市场,华为连续获得较大的移动智能网订单。此外,在相对比较发达的地区,如沙特、南非等也取得了良好的销售业绩。

此后,华为开始在觊觎已久的发达国家市场上有所动作。在西欧市场，从2001年开始，以10G SDH光网络产品进入德国为起点，通过与当地著名代理商合作，华为产品成功进入德国、法国、西班牙、英国等发达国家和地区。2003年的销售额约为3000万美元，2004年更达到5000万美元的规模。就北美市场而言，它既是全球最大的电信设备市场，也是华为最难攻克的堡垒，目前仅仅销售了少量电源等低端产品，主流产品至今仍难以打入。

中兴通讯则采取了一种相对稳健的做法——国内国际双线发展，仍以国内市场为主。在产品策略方面，中兴重点与日本、韩国企业进行OEM/ODM方式合作，这既能充分利用已有的遍布全国的营销与服务网络，快速推出产品以获得收入增长，又能弥补在研发实力上与华为存在的差距，以差异化的竞争策略，逐步实现由跟随向超越的质变。

中兴海外市场的发展重心集中在发展中国家市场，如亚洲的印度、巴基斯坦，非洲的肯尼亚、刚果等。据中兴内部人士透露，2002年中兴国际市场的销售额为2亿美元，2003年约6亿美元，刚过华为国际市场销售额的一半。这与其在国内市场与华为销售差距的快速缩小形成鲜明对比。

与华为、中兴类似，比亚迪也是天生的国际玩家。比亚迪从创立之始，就一直是紧盯国际。据说王传福之所以冒险下海创立比亚迪，就是看到一条日本将在本土取消镍隔电池生产的信息，从而预料到世界电池生产将会发生大转移。王传福正是在国际市场的风云变幻中找到了机会。

后来比亚迪的主要产品也是面向海外，比亚迪在电池、手机零部件领域的主要客户包括摩托罗拉、诺基亚、爱立信、京瓷、飞利浦等国际通讯业巨头。在2006年的一次讲话中王传福说："我们比亚迪是一个国际品牌，我们在充电电池、手机部件等领域有很强的实力，我们手机电池全球占有量大概20%左右，我们给摩托罗拉、戴尔等企业提供电池。在座的朋友都是比亚迪电池使用者，因为你们有可能曾经买过摩托罗拉手机，这些电池大部分都是比亚迪提供。我们在制造领域做了10年，我们充满了信心，我们从一个从无到有的小企业做到现在，我们80%都是出口，我们喜欢做出口。因为出口有些规则比较桌面化，比如价格、体系。像我们给国际品牌做产品，价格都是很透明，当然质量也很高。"

2003年比亚迪在进入手机代工领域后，也沿袭了电池领域的国际化战略，为诺基亚、摩托罗拉等国际大公司做手机零部件外包。除此之外，比亚迪还学习华为直接在海外办厂。根据比亚迪方面的消息，他们在印度投资5000万美元建立代工工厂，同时也分别在匈牙利和罗马尼亚的投资1000万美元和3000万美元。印度的工厂在2008年第一季度投入生产，匈牙利和罗马尼亚的工厂则原定于2008年第二季度进行量产。

比亚迪在进入汽车制造业后，也是一如从前积极开拓海外市场。2006年7月，传出消息：比亚迪汽车要进入乌克兰市场。其中首批200辆比亚迪F3已启运，这是中国轿车首度进军乌克兰市场。

比亚迪汽车在乌克兰的代理商为ATLANT–M ASIA公司，该公司是乌克兰国内最大、实力最强的代理商。该公司经过在各个国家的考察论证后，认为中国轿车的制造水准并不逊色于德国等发达国家。经过论证选择，该公司选择了具有世界级企业水准的比亚迪汽车作为中国轿车车型大规模进入乌克兰市场的"先锋"。

2008年7月，比亚迪将即将上市的首款精品微轿F1，正式更名为"F0"。谈到之所以改名，夏治冰表示，比亚迪汽车继换新标之后，此次微型车F1更名为"F0"，主要是围绕打造国际品牌，基于全球化战略的思量。同时，也是为了备战未来国际市场作准备，避免与"世界一级方程式锦标赛"（简称F1）同名。

比亚迪积极开拓欧美市场。在此次改名之前一个月，比亚迪已委任荷兰经销商集团Autobinck公司为其在荷兰、捷克共和国、斯洛伐克、斯洛文尼亚和匈牙利的经销商。比亚迪的欧洲区负责人Henri Li与Autobinck公司董事长Rolf Laurent和首席执行官Henny van Dijk签署了比亚迪汽车在以上五个市场的经销合约。

就此事，比亚迪汽车某高层解释说："目前比亚迪正就欧洲的准入机制进行研究，并做系统的规划和准备，具体什么时候进入欧洲市场还没有最后确定。"他表示，作为一家以外贸起家的企业，比亚迪目前70%的业务来自于海外，对国际市场的开拓有丰富的经验。但是正因为他们深知海外形象、品牌的建立对于销售的重要作用，所以对此次的汽车出口采取了非常谨慎的态度。

比亚迪的F3、F0属于低档车型，在欧美国家其实并没有太大竞争力。当比亚迪F3DM、E6等电动车问世以后，比亚迪就积极谋求进入欧美市场。在2009年1月举行的北美车展上，王传福对外宣称比亚迪正计划在2011年进入美国市场，销售旗下双模电动车产品。王传福同时宣称，将在适当的时候在美国建厂。

可见比亚迪真的是从未放弃过开拓欧美市场。2008年9月，比亚迪接受股神巴菲特入股比亚迪，也部分是从进入美国市场的角度来考虑的。

2. 大客户战略

孔子有句名言"无友不如己者"，孔子强调要跟比我们有学问有道德的人交朋友。人谁都不是生下来就完美的，我们必须不断学习，而跟着比我们优秀的人学习，往往会使我们提高得更快。

在企业发展过程中，其实道理也是相通的。一个企业，跟什么样的企业打交道，也从一个侧面折射出这个企业的业务水平。比亚迪奉行大客户战略，比亚迪总是愿意跟诺基亚、摩托罗拉这样的行业领军企业有业务往来，这也提升了比亚迪的品牌价值。如王传福所说的"你的客户水准代表着你的水准"，大客户资源使比亚迪成为了一个国际品牌。

可以说，比亚迪奉行大客户战略，是比亚迪国际品牌战略的一部分。

大客户战略也使得比亚迪呈现跳跃式发展，从一个层次一跃而至另一个层次。比亚迪除了1997年和2001年是70%的速度增长，其他年份都是100%业绩增长。王传福认为，争取到摩托罗拉的订单可以算是比亚迪发展过程中比较大的一件事。

2000年年初，摩托罗拉开始主动联系比亚迪。那年比亚迪在无绳电话电池领域取得了突破：研制出独特设计的增加剂，性能受气候影响的电池在高温条件下，也能保持稳定性。因此比亚迪取得了大客户伟易达的信任。王传福回忆说："这一类大客户对质量管理体系和工序体系有更高的要求，要争取到他们就必须提高自己的水平，同时伟易达又带来更多的大客户。"

对于摩托罗拉的示好，比亚迪方面相当重视。为了攻下摩托罗拉这个前所未有的大客户，比亚迪专门成立了一个攻关的小组，技术部、品质部等部门协调作战。据比亚迪客户服务二部经理陈刚说，当时锂电池公司所有的人都在一个大办公室中，王传福总裁总是加班到最晚的人。他还经常和员工一起准备材料和样品，测试设备。

王传福必须全力以赴。摩托罗拉毕竟是大客户，它不仅对配套产品有极高的品质要求，它更重视配套厂商有无技术发展潜力，环保认证、人权保护等。摩托罗拉还专门派人进驻比亚迪观察了半年，对一枚电池品质做测试，对百万枚以上保证质量做论证。最终，比亚迪获得了认同。

争取到摩托罗拉之后，波导和TCL等国产手机厂商也开始选择比亚迪电池。还有GE，NIKKO（著名玩具厂商）等。这使得比亚迪的电池产量很快进入世界前三，一下子将索尼、东芝等日本电池企业甩在后面。

此后，比亚迪又尝试与诺基亚接触，经过努力最终在2003年诺基亚也把订单投向了比亚迪。在同比亚迪合作之前，诺基亚原来全球有300家供应商，350家工厂每年给他造2亿只手机，用了比亚迪后，把350家工厂一下子降到50家。这让诺基亚大大地提高了效率，节约了成本。

在与诺基亚合作过程中，一个令比亚迪受教至深的例子是，在同一生产车间里的两条生产线，经过考察诺基亚要求只在其中一条生产线生产。但当这条生产线进行维护检修的时候，比亚迪就搬到另外一条生产线继续生产。结果遭到诺基亚全部退货。诺基亚方面认为，尽管是同一批工人在做，但工作台面不同就会影响产品的品质。可见诺基亚对产品品质的精益求精，这正是大客户的独特气质。

比亚迪不光是给诺基亚、摩托罗拉造手机电池，比亚迪也为它们代工手机零部件。比亚迪统计数据显示，诺基亚2007年上半年占据全球手机销售市场36.6%的市场份额，摩托罗拉占据16.4%。而花旗银行投资研究数据显示，2006年诺基亚将"手机机械部件解决方案"的15%外包给了比亚迪，而摩托罗拉外包给该公司的比例为3%。

如今，比亚迪一直坚持着重点客户定期拜访的制度，虚心听取大客户的建议。"除了适应大客户需求之外，比亚迪还经常假想国际对手正在改进什么，比亚迪必须提升哪些环节才能够继续胜出，需要制订哪些对策才能保持优势。"面对挑剔的大客户，比亚迪有自己的应对策略，"我们在向客户作品质承诺时，往往故意将100分的产品说成90分，而不是过分夸大自身的产品，这样，客户在拿到产品做测试时，往往会得到超出预期的效果，也就对比亚迪的产品形成信赖。比亚迪的口号是承诺一定要兑现，并且比承诺做得还要好。"

大客户战略让比亚迪腾飞。必须指出的是，比亚迪的这种大客户战略在提升比亚迪的品牌形象之外，也是有隐忧的。

据比亚迪股份的历年财报显示，就在2003年国产手机厂家成功夺取国内市场半壁江山之际，比亚迪手机业务还处于萌芽阶段，手机液晶面板的收入不过9200.7万元，而手机外壳的收入也不过7255.3万元，即便加上手机模具业务，手机业务总体收入也不过1.67亿元，占比亚迪集团销售总额还不到5%。但接下来的发展速度却堪称"奇迹"。2004年比亚迪手机业务销售收入达9.93亿元，占比亚迪股份销售总额的14.7%。2005年达19.06亿元，占比亚迪股份销售总额的比例达29.3%，相比2004年增长103%。2006年更是达51.34亿元，占比亚迪股份销售总额的39.67%，比2005年增长了169%。

对此，夏治冰承认，比亚迪销售额的快速增长主要是因为从2005年开始接到手机巨头诺基亚的订单，并不断扩大。根据比亚迪电子披露的信息，2005年来自诺基亚的销售收入为7030万元，到2006年猛增到16.286亿元，占手机业务收入的比例分别为2005年11.7%、2006年53.5%、2007年上半年76.4%。

公开资料显示，在2004年、2005年、2006年及2007年上半年，比亚迪电子来自五大客户（包括比亚迪集团）的收入比例分别为68.9%、76.7%、91.8%、97.1%。而且从历年比亚迪股份的财报来看，比亚迪手机业务已越来越聚焦到诺基亚这一单一客户，在2007年上半年，来自诺基亚的单一客户收入比例竟高达76.4%。

显然，比亚迪电子所创造的增长神话背后支柱就是诺基亚、摩托罗拉、三星等国际手机巨头外派订单，尤其是诺基亚。如果任何一个客户减少采购订单，比亚迪的收入将可能大幅减少。这就存在极大的风险。

针对这一现象，王传福表示，尽管诺基亚单一客户的手机订单占据了比亚迪电子收入的七成以上，但并不能构成比亚迪电子的经营风险。因为类似诺基亚这样的跨国巨头对供应商的培养是多年的，一旦业务量做大，双方谁也离不开谁。同时比亚迪未来将扩充客户基础，在印度、罗马尼亚、匈牙利等地设厂，以建造全球化平台。"我们正在密切关注新兴客户的出现，并努力成为其供应商。"

3. 良好的公众形象

品牌是为企业创造持续、稳定的有形利益和无形利益的竞争手段，是企业通过产品和服务与消费者建立的，同时需要企业主动追求和不断维护的关系。品牌形象管理是创造品牌力的必经之路。为了获取品牌竞争优势，企业不仅要从生产、管理、销售上入手，还应立足于企业与社会，企业与消费者之间建立良好的公共关系。

公共关系可以拥有广告无法比拟的优点，可以使得品牌迅速成为大众瞩目的焦点和话题，从而建立知名度，同时也赢得公众的认同和忠诚。因此，当前"公关"化的品牌经营普遍受到国内外企业的高度重视。

一方面企业要搞好外部公众关系。例如搞好与供应商、经销商关系，开展关系行销。另一方面要开展内部公众公关，实施各种激励方案，执行完善的升迁制度，为企业营造良好的"内求团结，外求发展"的经营环境。除此之外更为重要的是，企业还应十分注重支持公益事业，树立良好的社会形象。

比亚迪强调自己的社会责任，王传福强调说："我们作为一家中国企业，必须要对社会承担一种责任，企业家要有责任感。"

比亚迪自1995年创立伊始，就以关注民生、回报社会为己任，为社会创造财富与价值的同时，不忘履行企业的社会责任。仅在2007年，比亚迪就向慈善机构捐助了800万元现金，以支持中国的慈善事业。比亚迪向全社会承诺将会继续坚守企业的公民责任，不断为国家的公益事业尽力尽责。这也为比亚迪塑造了良好的公共关系，普通民众一提起比亚迪就联想到亲善的、正面的比亚迪形象。这对于比亚迪百年品牌的建立，无疑是一笔巨大的财富。

2008年5月12日，一场8级地震袭击了中国汶川。在这突如其来的重大自然灾害面前，中国人民没有退缩，在党和政府的英明领导下，迅速展开了抢险自救，力争挽救出尽可能多的生命。

比亚迪在地震之后第一时间了解到灾区当地的危急情况。2008年5月13日，比亚迪宣布向处于危难中的四川地震灾区捐助1000万元现金，用于当地的灾后重建。考虑到目前救灾物品严重短缺的状况，比亚迪还宣布将自行采购了1000只千斤顶，通过国家发改委捐赠给灾区，数天内紧急运往灾区，以支持当地的救援工作。

比亚迪集团总裁王传福表示："灾情如此严重，出乎我们的预料。作为一个植根中国深圳的国际化公司——比亚迪，作为一个深受国民支持的比亚迪汽车，深感悲痛。一方有难、八方支援，作为一家民营制造企业，比亚迪虽不处灾区，但仍将尽国人起码的义务，全力支持救灾工作，为当地的灾后重建出一份力。比亚迪集团研究决定向灾区捐款现金1000万元人民币，千斤顶1000个用于受灾困难群众恢复生产、重建家园等生活安排，支援灾区建设。这些捐款是比亚迪集团积极响应党和国家以及深圳市委、市府建设和谐社会号召，将行动落实在灾难特殊阶段前的具体体现。我们是一家人，比亚迪向灾区的兄弟姐妹表示深切慰问！并向奋战在抗震救灾一线的同志们表示崇高的敬意！比亚迪将时刻关注灾情！继续为灾后重建尽一个企业公民的社会责任。"

面对灾情，比亚迪全员动员，在企业捐助的基础上，号召10万员工向灾区捐款捐物。同时，向来自灾区的员工及时了解情况，提供多种救助，以安抚其情绪。

四川大地震给灾区人民带来巨大灾难的同时，也给国内的汽车市场造成了较大的影响。据全国乘联会统计数据显示，2008年5月份，大多数汽车厂家销量同比都有不同程度的下滑。这种情况下，比亚迪当月依然实现了10267辆的汽车销量。这个特殊时刻，充分说明企业公益力量对产品销售的推动。

在严酷的震后市场情况下，比亚迪汽车销量何以保持高位续增？"注重企业责任与产品品质"是比亚迪方面说的最多的一句话。其实，比亚迪在踊跃赈灾的同时，自己也成为地震灾害的受害者。此次地震中，比亚迪西安生产基地的厂房和生产设备也遭受到了破坏，生产上受到了一定的影响。四川是比亚迪汽车运往西南市场的要道，同时也汽车零部件集散地和重要汽车消费市场，因余震不断，给比亚迪的汽车物流体系带来了不小的考验。

就是在这样的情况下，比亚迪毅然在第一时间做出了向灾区捐款1000万元现金和1000只千斤顶的决定，紧接着，比亚迪总裁王传福带领公司高管再捐300万善款。此次赈灾中，比亚迪累积向灾区捐款1586万多元。值得一提的是，这1000只千斤顶是比亚迪从刚下线的F3新车上紧急拆卸下来空运灾区的。危难之时显身手，这些千斤顶在坍塌的楼房中撑开了缝隙，让更多的受埋群众得以生还，挽救了不少灾区同胞的性命。

比亚迪频施援手救助灾区的一系列善举，感染了大众，也刺激着消费者对比亚迪的热情。正如网上一热帖所传："喝茶就喝王老吉，开车就开比亚迪。"一位刚刚领到爱车的F3用户说："有社会责任的企业，应该赢得更多尊重，我们要用行动来支持比亚迪。"据比亚迪介绍，五月份的汽车销量中，西南乃至四川地区的销售依然保持了较高的市场份额，部分经销商销量同比还有大幅度的上升。实际上，灾情稳定后，震后重建工作开始展开，需要大量的运输车辆和其他工程用车。少量载物、主要用于便捷交通的车辆仍有更多需求，甚至不可或缺。比亚迪F3高达170MM的最小离地间隙保证了车辆的良好通过性，一般的碎石路和土路都拦不住它。F3售价便宜，驾驭轻松，故障率低，动力足，油耗小，空间大，确实是震后重建的好帮手。

公益和慈善事业，可以提升企业的公众形象，进而提高品牌价值。比亚迪在赈灾活动中表现出来的企业责任，折服了不少消费者。因此说，比亚迪汽车能够如此热卖，不是偶然的。汶川地震中比亚迪的义举，让比亚迪的品牌更加深入人心。比亚迪承担了一个大企业应有的社会责任，比亚迪是社会的比亚迪。

第十一章

集中高效的企业文化

一个成功的企业背后必定有成功的企业文化,也必定有一个卓越的企业家。作为比亚迪的创始人,王传福身上的激情、创新、执着、务实品质也融入到这个企业,让比亚迪打上浓重的个人烙印。

一、一个人说了算

王传福可以称得上是比亚迪的灵魂，在比亚迪的发展历程中印上了明显的王传福个人色彩。比亚迪能够从一个1995年初创时仅有20多人的小厂，发展为横跨IT和汽车两大产业群的中国制造业巨头，是王传福一手缔造的。

比亚迪几乎每个工人，每一个工程师，谈到王传福，钦佩之情都是溢于言表。

毋庸置疑，王传福是比亚迪的领袖，比亚迪的每一个重大决策都要王传福拍板，他甚至不用与其他高层领导商议，不在乎其他股东提出质疑，也不屑中国香港的基金经理们说三道四。"我觉得在比亚迪走过的路来看，我的决策有98%以上是正确的吧！"王传福自信地说。

不管这种决策过程是否科学，但高速成长的15年间，比亚迪就是这样走过来的，没有人对王传福产生过怀疑。王传福相当自信："厂里还有谁比我懂呢？"

王传福不像是其他公司以管理为主的总裁，他更像一个专家。王传福认为他要对他的制造王国负责，就需要一段时间让自己成为一个专家，他习惯于此。只有这样他才有把握掌控他对技术和市场的判断，并把制造过程中的每一个环节摸透，从而寻找出一种方法把成本压到最低。

在收购秦川，涉足汽车制造业的时候，王传福承认他当前最急需的是人才。但他只喜欢技术型的人才，他愿意看到他们按照他曾经走过的路径成长，从技术型向管理型逐渐拓宽，直至二者的完美结合。

王传福就是走过了一条由技术向管理的路，直到今天他还是习惯主抓研发和市场这两个领域。在比亚迪的研发中心、市场部，云集了一批业界精英，而这两大部门直接由王传福负责，没有任何中间层。王传福将其比喻为"非复印式管理——如果一层层的下达，就像一张第五次被复印的纸，等信息传达到他时，已经和原来的意思大相径庭了"。王传福说，研发和市场是比亚迪成功的两翼，作为领军人物，他要随时把握市场脉搏和技术走向，而这种垂直管理，就能让他把握市场和技术最前沿的动态。

王传福的管理是非常细致的，他说："每个工艺的改造我都会亲自查看，包括每个项目的设计改造，都会一一过问，我还是个技术型的企业家。"不过随着比亚迪的事业越做越大，王传福也有些力不从心，他说："企业里每一个地方我都很熟悉，不过现在我管得比较粗了，有些新做的东西我也不清楚，没以前管得那么细了。"

王传福这种类似诸葛亮事无巨细，亲力亲为的工作态度，一方面体现出了王传福的勤奋，但另一方面也不是太符合国际潮流。例如有某民企老板对王传福的这种管理模式不以为然："聪明的人到处都是，不是说一件事情你做好了，另外一件你也能做好，人的精力毕竟是有限的！"

王传福对管理学，对公司治理这些东西不是太在意，这与他是工程师出身有关。王传福说："我也读过一些管理方面的书，但刚拿起来就放下了，我觉得书中的那些东西和现实比起来，太简单了。"王传福的说法有些道理，现在中国的管理学书籍大部分都是西方过来的，有的并不是很符合中国国情，对中国的企业家指导意义不大。

王传福管理风格追求简单明了。比亚迪的组织架构，按照他的标准，也要尽量做到简单明了。王传福很欣赏自己的"非复印式管理"，他说："在市场管理上，我们特别强调信息流要努力做到单纯，最简单的就是市场和研发在我个人身上合而为一！企业做大，有所取舍，我可以把财务和生产层次化，少管一些。我不认为管理一个企业很麻烦，只要把研发和销售抓住，企业再乱也乱不到哪里去！"

正如他自述的"我的性格比较急，属于快来快去的个性"，王传福胸怀坦荡，追求简单，追求透明。比亚迪所有办公室都是玻璃墙，从外面可以看到里面的一切，就连高层领导开会的会议室也完全透明。

从各个方面来看，比亚迪的管理结构是集权体制的，王传福有点像一个专制的君王。曾有人问王传福："做汽车这样重要的决策是你个人作出的，还是公司领导层集体讨论的结果？"王传福回答："公司管理层的意见就是我的意见，我的意见就是公司管理层的意见。"简直是法王路易十四的"朕即国家"名言的翻版。

客观地说，王传福这种集权式的管理模式有其弊端。中国乃至全世界的很多企业的兴衰史表明，在公司管理中过于依赖一两个领军人物的判断，其风险是非常大的。所谓成也萧何，败也萧何，这样的例子举不胜举。以中国来说，最典型的例子是史玉柱的巨人集团，毫无疑问史玉柱是一个干事业的人，当他把自己关在房间里埋头写程序的时候，他的勤奋刻苦显然不在王传福之下。

史玉柱赢得了公司上下的尊敬，但是随后他头脑开始发昏，要建一个纯粹是面子工程的巨人大厦，最终黯然收场。这其中他的个人专断就起了很坏的作用，明明巨人大厦的计划是有问题的，但是史玉柱的下属迫于史玉柱的权威就是不敢提出反对意见。

国外这样的例子也是很多的。例如索尼公司在半个多世纪的发展中形成了集权的公司文化，员工们总是觉得公司领导人的看法是正确的，这给索尼的衰败埋下了伏笔。从前索尼的两位创始人井深大和盛田昭夫，在随身听和彩色电视的发展上力排众议，让索尼获得了前所未有的成功。但是后来还是这两位创始人在液晶平板电视等领域的错误判断，让索尼的形势急转直下。

王传福的比亚迪应该说也有这样的问题，2003年比亚迪在外界都不看好的情况下进入汽车产业,现在证明这是对的。但是这也滋长了王传福的专断管理。

如果说有一天王传福的判断发生错误,这会不会对比亚迪的发展造成伤害呢?所以王传福还是应该逐步破除这种专断的管理模式,带领比亚迪向现代公司治理结构靠拢。相信比亚迪的明天一定会更好。

二、造物先造人

1. 重用大学生

比亚迪是一家年轻的企业，从创办至今不过15年，所以在比亚迪的企业文化中很重要的一个命题是"重用年轻人"。用比亚迪的话说叫"造物先造人"，比亚迪要造手机电池，要造汽车，它必须有一支攻关能力强大的工程师队伍。王传福培养工程师的一个重要理念就是"重用大学生"。正如王传福所说的："比亚迪除了压力机是买的以外，所有的设备，焊接线、图装线、焊接总装甚至人才都是自己造的，比亚迪一年招募几千名毕业生，是因为明白造车需要先造人，先把专业人才给造出来，然后把设备造出来，再把产品也顺便造出来。"

当然其实比亚迪的一部分人才是从别的公司挖过来的，如从夏新挖人，再如从富士康挖人。

无论如何，比亚迪的工程师队伍主要还是来自自己的培养。这支队伍，随着比亚迪的成长，人数越来越庞大。王传福也越来越有自信。

"我有三万名中国的工程师，这和三万名美国的工程师，成本会是一样吗？这个世界就这么不公平。但他们的价值，创造力可以说几乎一样，甚至中国人比美国还强一点，中国不像美国人要享受生活，中国人是工作第一。因此，我觉得中国企业家很幸运，上帝照顾了我们，把这么优惠的东西放到我们这边来。但是我们为什么搞不过他们？因为我们过去只懂管工人，不懂怎么把工程师组织起来。'中国制造'今后的优势还很大，关键是利用好中国的高级人才和低级人才，让其淋漓尽致地发挥。"

王传福所说的三万人的工程师队伍，其实大都是毕业不久的年轻人。王传福不迷信海归专家，他自己就是电池领域的专家，他自己也有一个从年轻人成长为顶梁柱的过程。因此王传福更喜欢培养大学生，也更喜欢把他们放到重要的岗位上委以重任，"中国的学生多聪明，他们缺的只是机会。"现在王传福直接领导的 7 个副总裁中，绝大部分是学校一毕业就进入比亚迪的。

最典型的是夏治冰，他可以算得上是王传福的左膀右臂，在比亚迪的众多事务中都扮演着重要角色。夏治冰是 1998 年北京大学金融专业的本科毕业生。他还记得，那一年王传福亲自到北大来招聘，当时的比亚迪只有不到 2000 人，刚刚在镍镉电池领域打开了市场。

夏治冰回忆说："比亚迪是第一个敢进北大招聘的民营企业。"夏治冰和他的几位同学还是第一次碰到招聘还请应聘者吃饭的企业，饭桌上王传福谈的全是想怎么把比亚迪做大，希望同学们能参与到这个事业中来。夏治冰被王传福的激情所感染加入了比亚迪。进来后，夏治冰发现当时刚刚起步的比亚迪锂电池事业部只有几十人，他的工号是第 72 号，而到现在光这个事业部就有 2.6 万人。那一年之后，应届毕业生开始以每年翻几番的数量进入比亚迪，到 2006 年，毕业生的招聘数量已达到 4000 人。

刚毕业的学生在比亚迪被委以重任。夏治冰进入比亚迪的第一个任务是为锂电池事业部寻找 20 万的贷款。刚刚走出校门，对社会知之不多，比亚迪又是一个名不见经传的小民企，夏治冰碰了一个又一个钉子。没能完成公司交给的第一个任务，他觉得很灰心，但并没有停下脚步。直到中国银行某个支行的行长听了夏治冰的介绍后，看好比亚迪的成长性，提供了 200 万的贷款，夏治冰赢得了自己在比亚迪的第一个自信。在被调往比亚迪汽车销售公司之后，夏治冰继续用毕业新生组建自己的销售团队。正如当年他所走过的路一样，这些新人的第一个任务经常是和一个资产规模达数千万的经销商去谈合作、做生意。

再如比亚迪客户服务二部经理陈刚，这位 1977 年出生的年轻人是比亚迪34个持有比亚迪股份的管理层中的一员。据说，比亚迪的上市后，他其手中持有的比亚迪股份市值达500多万港元。

与夏治冰一样，陈刚也毕业于北京大学，不过学的是化学系，陈刚回忆说："这是一家发展很快的公司，而且专业对口，我就来了。"在比亚迪开始自己的职业生涯时，陈刚有过迷茫期，头三个月不知道自己的定位在哪里。比亚迪当时还在布吉，那里的生活状态离想象中的特区有相当的差距。

但在一个发展迅速的公司中，陈刚受到了机遇的垂青。他从比亚迪中央研究部调到刚成立不久的锂离子电池厂品质部，后因在争取摩托罗拉项目中表现突出，2000年9月，升至经理的位置，那时他仅有23岁。

在比亚迪位于上海松江的汽车工程院，其中3000多名汽车工程师有90%是2004年以来毕业的大学生。如果是在国企，他们首先要拧一年的螺丝钉、清理一年车间才可能开始摸车。如果是在外企，可能还只是一个试车员。但在比亚迪，他们一上来接触的就是整车项目，什么核心技术都能接触，两年可能已经干过两轮车（F3、F6）了。比亚迪每年在上海外高桥保税区花几千万元购买全球最新的车型，让这些学生们来拆，拆完之后要写总结、写报告，车子则报废。各种新车上市一台，买一台，其中不乏宝马、奔驰、保时捷这样的名车。

正如王传福所说的："我们要利用中国人的优势，公司在上海建了3000人的研究团队，我们的F3、F6都是在上海团队研发出来的，所以一旦拿到图纸都是上海的3000个工程师拿出来的，这3000个工程师都是2004年、2005年、2006年的大学生，大学生在我们这里一年下来，两年之后就可以做车了。如果这些大学生分到大公司可能还在车间里没有出来，当然我们的员工也很争气，我们要建一个10000人的研发团队，公司有这个能力、财力，公司就要算人才的账，就用我们的人力优势击垮竞争对手，我用一万个中国人打一万个日本人、欧洲人，我不相信打不过。外国人是生活第一、工作第二，中国人是工作第一，星期天、星期六上班；国外不一样，国外七、八月份就是假期了，工作全部扔到脑后去。我们的员工，我们的民族决定了我们的优势，我们至少要成为世界第一。我们靠什么？就靠人的资源。"

这些刚毕业的硕士博士有幸进入比亚迪，赶上比亚迪发展汽车产业的大好时机，是非常幸运的。国内著名网站天涯社区上的一条资料可以体现出这些在比亚迪一线战斗过的年轻人的想法。在有关比亚迪的讨论中，一位网友谈到他在比亚迪的经历，他说：

我在比亚迪待了近3年，学到的东西比我前二十几年学的东西都多（我2004年进去的，除了知道汽车4个轮子别的就不知道了。可能也是机遇，刚好那个时候开始很多汽车项目，我拆了不少车，参与了4个项目，其中3个是我带着team做的）。现在我在一家外国的设计公司，今年11月要去英国2年参与一个项目，同去的6个同事中有3个是比亚迪汽车一起跳到现在公司的。

对于成长快速、可作帅才的年轻人，王传福认为激励他们的最有效方式是不断提供机会，为他们创造新的平台。十年中，比亚迪的产品事业部从不足十个迅速扩张到二十几个，这些事业部的总经理中最年轻的只有31岁，1999年大学毕业后进入比亚迪。王传福在2002年底筹备众多事业部时这样许诺，任何一个事业部如果能做到营业额30亿元、净利润5亿元的话，就可以从比亚迪股份拆分出去，单独上市，团队成员将得到巨大的股权激励。

如果有什么事是王传福创业十五年来觉得最难的，就是如何发挥人的主动性。"在比亚迪，人是每一个关键节点、每一种战略打法的最终执行者。对工人，高压、高薪的结合可以对效率起到立竿见影的作用，但对于知识结构高、价值观和自尊心都很强的工程师这一套是行不通的。只有通过建立文化认同感，让他们追随你的理念。"王传福说。

比亚迪的工程师中有相当一部分是硕士、博士、博士后。尤其在上世纪九十年代中后期,博士很有点被神化的感觉,似乎一进企业就应该是解决所有技术问题的高手。但他们的强项往往是扎实的理论功底,而缺乏实际操作的经验。因为被推得很高,却又在短期内做不出成绩,这些人没有发挥出价值,就选择了离开。王传福也曾在这样的问题上有过失误,后来他总结出一套办法,博士们一进门就先把他们拉下"神坛",事先就声明博士们某些方面还要向工人请教,在一些方面甚至要从头学起。这样技术队伍的氛围就融洽了很多。

"任正非应该知道我这种感觉。企业家对于技术人员要有耐心,不能我今天投入以后,6个月就要收到利润,这是做不到,技术还要通过一个产品来表现,你要给他一定的时间和耐心,同时对技术人员要理解。因为技术人员有很多缺点,不会拍马屁,经常给你挑毛病,不会受压,你给他高压,他说我在哪儿找不到饭碗,为什么一定要在你这儿做?技术人员跟一般的工人不一样,工人你给他收入高,天天给你干。技术人员要是认同你这个人和理念,钱再少也跟你干。"王传福说。

王传福非常信任他的工程师们,放手让他们自己去做。王传福说:"比如说我做 F3 或者 F6,我如果把这款车的设计给欧洲做的话,就像我们一些同行现在做的一部车至少 2000 万欧元。我们的车如果自己的工程师做这些图纸,画这些图根本不需要多少钱。2000 万欧元,相当于 2 亿元人民币,你想想 2 亿元人民币可以养多少人?"

比亚迪 CEO 李柯也说:"当时我们在投资的时候,挖了很多的博士生、硕士生。我当时来的时候工资三千块,但是博士生过来喝喝茶,看看报,他们的工资是我的两倍。王总经常说的观点,我投资这些人才,让他们放手去做,他们想要什么设备,做什么样的事业,只要提了报告,就往前做。这个投资里面成本很小的,只要有一个项目成功了,我们就拿到一个技术。"

2. 给员工一个温暖的家

王传福曾有一段话表达了他的人才观,他说:"著名的社会心理学家马斯洛说，人有五个不同层次的需求，不同的人更有不同的需求。""对普通员工，我给他们稳定的收入，安全、优美的环境；而对高级管理人才，则要满足他更多的需求，这样就能将优秀的人才留在自己的身边。"

王传福认为，在中国有两个层次的人才，一个是受过高等教育的高级知识分子，另一个就是普通的工人。王传福对于这两类不同的人才，有不同的应对办法。对于工程师，王传福总是给他们以自由发展的空间，让他们觉得在继续在比亚迪工作下去是值得的。而对于上万的产业工人，王传福尽量提高他们的工资，让他们在比亚迪能够通过工作，赚到比较满意的工资。

比亚迪的工人绝大部分为女性，男女比例高达1:10。某位员工甚至开玩笑地说："比亚迪的男工真的非常抢手。"按照比亚迪的内部规定，工厂基本上不允许工人离开厂区，因为曾经有过女工被骗钱财的事情发生。在休息日，工厂尽量安排工人加班，除了保证安全外，还会让工资有所增加。

与此相对应，如果某个班组经常不加班，工人就会有怨气，对于这些花季的少女来说，赶快积攒起一笔嫁妆，就可以回乡了。在比亚迪，月基本工资大概有600元左右，而加班多的女工每月可以拿到上千元。

比亚迪的职工宿舍8人一间，左右两边四张上下单人床，床与床之间只有一个很窄的过道，没有桌子。房间内没有任何插销，电器不允许使用，晚上统一熄灯，在车间内，水杯被摆放得非常整齐，吃饭到厂区中心的万人大食堂就餐。

显然比亚迪实行的是一种军事化管理。但是与军人出身的任正非不同，王传福跟军队其实不沾边。王传福是看到了军事化管理中蕴藏的效率，因此王传福最崇尚"军队—学校—家庭"三位一体的公司模型。

他说："有人认为公司军事化管理是一种简单粗暴的管理，其实说这话的人根本就不理解军队的管理，更不懂管理。作为公司，攻关作战就要有军队的作风，上下一条心，劲往一处使。同时公司还应该承担教育的责任。有人担心人才自己培养，走了咋办？其实，作为企业家，是不应该计较这样的得失的，你在为他人培养，那别的企业不是也在为你培养吗？机会成本是对等的，又有什么得失呢？再者，一个企业，一定要让职工有家的感觉，你是企业家，就像家里的老父亲和老母亲事事为儿女着想般，事事为职工着想。你只有将他们照顾好，他们才会照顾好你的公司，进而照顾好你的利润。"

王传福想要给员工家一样的感觉。王传福是安徽人，而在比亚迪，一半左右的员工来自于安徽。因此在比亚迪也用一种地缘文化来给员工们带了家的温暖。

创业至今，比亚迪搬了4次家，从莲塘到布吉，从龙岗到葵涌。从当初租下2层小楼，到现在面积巨大的花园式厂区。王传福说，除了公司必需的扩张以外，他下决心要建立葵涌厂区，是希望给所有职工一个充满阳光、充满温暖、气氛宽松、利于创新和安身立命的家园。

王传福说："职工来比亚迪寻找发展，有通过自己的努力获得财富的，有在这里找到自己另一半的，也有成家立业结婚生子的，他们把这里当成自己的家。"因此他在比亚迪修起了亚迪村，作为那些在比亚迪工作5年以上的员工福利房，每平方米，王传福从公司的利润中补贴1000元钱。他为职工建起了亚迪幼儿园、亚迪小学甚至和深圳中学联办建立亚迪分校。他说，这些孩子也可以说是比亚迪人的后代，他没有理由不让他们受到良好的教育。

王传福甚至还拨了一笔专款，办起图书馆，竖起了黑板报，办起各类技能学习班，甚至亲执教鞭，毫无保留地向员工传授高科技知识。甚至，在王传福的鼓励下，员工还成立了文学社、书画社、艺术团、英语协会等。

王传福真真切切是将比亚迪当一个家在建，他要让每一个员工在比亚迪找到自己存在的归属感。

三、比亚迪价值观

企业文化是一种新的现代企业管理理论，肇始于1981年，美国哈佛大学教育研究院的教授泰伦斯·迪尔和麦肯锡咨询公司顾问艾伦·肯尼迪合作出版的著作《企业文化：企业生存的习俗和礼仪》一书。该书在1981年7月出版后，就成为最畅销的管理学著作。后又被评为本世纪80年代最有影响的10本管理学专著之一，成为论述企业文化的经典之作。它用丰富的例证指出：杰出而成功的企业都有强有力的企业文化，即为全体员工共同遵守，但往往是自然约定俗成的而非书面的行为规范。

企业文化的概念自从提出以来，广受管理学界的关注，沿袭至今，几乎每一个大的企业都要构建自己的企业文化。关于企业文化的定义也越来越多，大致来说，企业文化就是在一个企业中形成的某种文化观念和历史传统，共同的价值准则、道德规范和生活信息，将各种内部力量统一于共同的指导思想和经营哲学之下，汇聚到一个共同的方向。企业要真正步入市场，走出一条发展较快、效益较好、整体素质不断提高、使经济协调发展的路子，就必须普及和深化企业文化建设。

从1995年建厂，到今天比亚迪已经走过了十五年的历程，在这十五年中比亚迪也逐渐形成了自己独特的企业文化。比亚迪方面的宣传材料中是这样概述比亚迪的企业文化的：

比亚迪坚持以人为本的人力资源方针，尊重人，培养人，善待人，为员工建立一个公平、公正、公开的工作和发展环境。公司在持续发展的同时，始终致力于企业文化建设，矢志与员工一起分享公司成长带来的快乐。比亚迪坚持不懈，逐步打造"公平、务实、激情、创新"的企业核心价值观，并始终坚持"技术为王，创新为本"的发展理念，努力做到"事业留人，待遇留人，感情留人"。比亚迪的远景目标是在IT零部件产业领域，成为世界顶级的通信和电子产品制造商。汽车产业领域，锐意成为中国汽车市场的领导者之一。在电动汽车方面，比亚迪将利用独步全球的技术优势，不断制造清洁能源的汽车产品，开创世界电动汽车新时代。

这里提到了"公平、务实、激情、创新"的企业核心价值观和"技术为王，创新为本"的发展理念。这两点是比亚迪企业文化的核心内容。"技术为王，创新为本"无需赘言，这是比亚迪发展的根本。

"公平、务实、激情、创新"的企业核心价值观是王传福在2003年经理年会上总结比亚迪九年的风雨历程得出来的。后来比亚迪有关人员对王传福的总结进行了扩充：

1. 公平

公平是座天平，是一种平衡。天平的刻度盘就是一个标准。没有标准就无法体现平衡。比亚迪要达到"公平"，我认为以下二点是关键：

一、法制化，即制度的保障。公平的贯彻必须有共同的准则，那就是制度。没有共同的准则，那谁也说不出什么是公平，"公说公有理，婆说婆有理"。其结果谁都可以给自己贴上"公平"的标签。有了制度就有了标准，就有了衡量事非的准绳，才有了公平的基础。人事部及其他各部门为公司制定了系统的制度，这些制度就是准绳。保证制度的权威性，公平才可以落地生根。如人事部实行的晋升考核制度，就是为员工的晋升提供一个公平的舞台。

二、基于事实的判断。它的反面是"暗箱操作"，是"权谋文化"。"指鹿为马"是"权谋文化"的典型。如果不以事实为依据来判断，那再好的制度也无法维持下去。"实事求是"是毛泽东思想的精髓，中国共产党也因此能战无不胜。"基于事实的判断"的指导思想，保证了公平，也是民心所向的重要原因。

最后，"制度保障"与"基于事实的判断"的关系，就是依据制度，进行客观公正的判断。其范围包括公司的员工、客户、及所有供应商。

2. 务实

或许谁都知道，务实才能成事。可有谁真正给"务实"下过确切的定义呢？有人说，"务实"就是实干，那实干又是什么呢？有人或许会想到："实"与"虚"是一对的，那做事多的就是实，那动口讲课的，搞管理的就不"务实"了吗？"务实"就是"快速行动的能力"！"务实"的核心，就是执行力！

市场无时无刻不在变化中，"计划不如变化快，变化不如电话快"，快速行动的能力，高效率的工作能力，将会把"务实"的精神内涵阐述得更加辉煌。

比亚迪能够超速成长，与比亚迪的决策层能够敏锐及时地把握市场是密不可分的！从当年的快速切入锂电池，到去年的先人一步跨入汽车行业。比竞争对手快的行动和应变能力，使比亚迪一次又一次夺取发展先机，快速地发展飞跃。

另外，比亚迪从不盲目地宣传或广告，而总是默默无闻地挖掘自身的潜力，脚踏实地地做事，增强内在的竞争力。这样就避免了泡沫的成分，促进公司健康发展。比亚迪研发的指导思想同样是紧跟市场，从客户的需求出发，坚持独立自主，低成本、务实高效的路线；而不像某些电池企业盲目引进国外生产线，造成巨大的浪费。

3. 激情

从企业的角度具体地说，"对组织目标的自主承诺，高度的敬业精神"就是激情。认同企业，并为企业自主地努力工作，把工作当成一种乐趣。

我们的远景是将比亚迪发展成集电池、材料、电子和半导体于一身,实现包括镍镉、镍氢、锂离子电池、LCD、精密注塑等的电池产业群的世界第一,实现包括电动汽车和传统汽车的汽车产业群的全国第一。我们的员工都有机会参与这一使命的实现,也为员工提供了大量发展的机会。此外,还有物质的奖励如进步奖、最佳员工奖、服务年资奖,工作的奖励如晋升、岗位的轮换等,后勤的保障如房车待遇、亚迪学校、技校培训等。这些都将激发我们的激情。

4. 创新

从无到有是创新,排列组合也是创新。对一个公司而言,创新不仅仅是技术,也不仅仅是制度,更重要的是观念的创新。而观念的创新也是最困难的事!

"没有先例",往往是人们用来反对新主张常用的话。而创新的精神核心往往就是"否定与批判"。所谓"不破不立",环境不断变化,市场不断变化,敢于否定陈俗,敢于否定自己,不能不说是一种超越。《差距》的作者姜博士就曾提出"在否定与创新的基点上重建中国公司持续战略"的观点。过去和目前的成功往往让人陶醉在经验的教条,而有位哲人说过一句话,"成功是个蹩脚的导师,他不会带领你走向下一次的成功",面对不断变化的情况,也只是不断的创新才能够保持竞争的优势。

比亚迪大事记

1966年2月，王传福生于安徽无为县一个农民家庭，父亲是党员，曾经担任大队书记的职务。王传福有五个姐姐、一个哥哥和一个妹妹。

1983年，王传福以优异成绩考入位于长沙的中南矿冶学院冶金物理化学系，该校后改名为中南工业大学。

1987年，王传福于中南大学毕业后考入中科院北京有色金属研究总院攻读硕士研究生，导师是著名专家李国勋。

1993年，王传福被任命为北京有色金属研究总院301研究室主任。这一年，北京有色金属研究院和内蒙古有关方面合资成立了深圳比格电池有限公司，于是王传福被研究院公派到深圳比格电池公司担任总经理。

1995年2月，王传福下海，成立比亚迪公司，注册资本250万元人民币，员工20人左右。

1997年，公司自主研发，开始生产镍氢电池，并且很快投入量产；2003年8月，上海工厂投产，开始动力电池和电脑电池的研发。

1999年4月，中国香港分公司成立；同年10月，初步建立深圳工业园（葵涌）并开始投入使用；葵涌工业园是一座设计先进的现代化工业园，是比亚迪总部所在地。

2000年，王传福投入大量资金开始锂电池研发，很快掌握核心技术，成为摩托罗拉第一个中国锂离子电池供应商；同年12月，成为摩托罗拉的供应商。

2002年，成为诺基亚第一个中国锂离子电池供应商；同年5月，比亚迪获得QS-9000认证。

2002年7月，在中国香港主板上市，创下了当时54只H股最高发行价记录，股票代码 1211 – HK。

2003 年，镍镉电池产量达到 4.0 亿只，一举超过三洋（SANYO），达到世界第一。

2003 年 1 月 23 日，比亚迪公司跨行业收购西安秦川汽车有限责任公司，成立了比亚迪汽车有限公司，又在西安市高新技术产业开发区征地 100 万平方米，修建新厂房，营建西安生产基地。

2003 年，比亚迪收购北京吉驰汽车模具有限公司（占地 20 万平方米），同年，比亚迪在上海创建上海比亚迪工业园（占地 56 万平方米），同时又把汽车销售总部迁到了深圳，从而形成辐射全国，包括上海、深圳、西安、北京的全方位布局。

2004 年 2 月 18 日，深圳比亚迪微电子有限公司成立，同年锂电池市场占有率为 20%，位居世界第二。

2004 年 7 月 17 日，比亚迪上海汽车检测中心竣工，并成功完成比亚迪汽车检测中心的重点项目——碰撞实验室建成后的首次整车碰撞实验。

2006 年 12 月 17 日，比亚迪凭借 2006 年掀起的"F3 风暴"荣膺被誉为中国营销界"奥斯卡奖"的"2006 中国十大营销事件·人物盛典"，这也是自 2003 年该奖项设置以来，汽车制造企业第一次入围并获奖。

2006 年，比亚迪汽车累计完成销量 63153 辆，同比增长 472%，成为增长最快的自主汽车企业。

2007 年 6 月 18 日，比亚迪汽车的第 10 万辆 F3 轿车在西安下线。意味着这款中级车精品自 2005 年 9 月以来仅 20 个月，累计产量就达到了 10 万辆，创造了自主品牌最短时间超越 10 万辆的产销新纪录。

2007 年 8 月 9 日，比亚迪汽车在深圳举行比亚迪汽车深圳现代化生产基地落成暨中高级轿车 F6 下线仪式，这标志着比亚迪汽车进军中高级轿车市场战略进入实施阶段。同时，集团总裁王传福在下线仪式上宣布了比亚迪的两大目标：2015 年中国第一，2025 年世界第一。震动了汽车界和舆论界。

2008年9月27日，美国著名投资者股神巴菲特的投资旗舰伯克希尔·哈撒韦公司旗下附属公司中美能源控股公司宣布，以每股港币8元的价格认购2.25亿股比亚迪股份有限公司的股份，约占比亚迪本次配售后10%的股份比例，本次交易价格总金额约为港币18亿元。

2008年10月，凭借9月的销售业绩，比亚迪首登自主品牌汽车销量冠军宝座。比亚迪销量为23500辆，而奇瑞则为17997辆。

2008年12月15日，世界第一款双模电动车比亚迪F3DM在深圳率先上市。

"比亚迪要在2015年成为全国第一汽车企业，在2025年成为全世界第一！"从工程师到造车大王，王传福用亲身经历证明在当前的市场竞争中，拥有自主核心技术才是硬道理。本书以王传福和比亚迪的发展为线，为你展示比亚迪如何实现从电池到汽车的飞跃。

从小老板到连锁巨头，张近东二十年间数次转型，而未变的是一贯的执着与低调。本书重点挖掘张近东身上的仁帅气质，为你展示一个乐于分享的领导者如何打造中国的"沃尔玛"。

董明珠，一个商界奇女子，36岁南下闯世界，从担任一个集体小空调厂的销售员开始，凭借出色的才干一直升至格力电器总裁。本书以董明珠的商界经历为线索，深度剖析她成功的精神因素，以通俗生动的文笔展示中国新一代商界女性领导人的心路历程。

她以废纸起家,却成了中国第一位女首富。她点石成金,将废纸变成森林。她用自己的法则告诉人们:绿色财富,循环不息。她被誉为"中国版的阿信",她就是张茵。本书通过一个个鲜活的实例和详尽的描述,为你展示了一代优秀中国女企业家的奋斗历程。

成功之路不是只有一条,无论打工还是创业,只要做好了都是成功。

唐骏亲述在微软、盛大等大公司的职场生存法则与成功秘密,让你懂得如何在公司尽快做出业绩,踏上职业成功之路。

本书讲述了任正非从一名普通士兵到华为总裁的传奇经历,展示了他在创办、管理企业中的军人性格和意志,揭示任正非的独特个性、管理理念和精神追求,是一本具有励志色彩的企业家传记图书。